艺术人生系列

Van Gogh
凡·高

[意] 恩里卡·克里斯皮诺 著
曹夏夏 译

陕西新华出版传媒集团
太白文艺出版社

目　录

1853—1880　躁动的青春期　　　　　　　　7
　　　　　　　双生
　　　　　　　最初的绝望
　　　　　　　学校与煤矿

1881—1885　荷兰时期　　　　　　　　　　41
　　　　　　　绘画
　　　　　　　与穷人们并肩作战
　　　　　　　可耻的关系

1886—1888　巴黎：印象派大都市　　　　　73
　　　　　　　在艺术之都
　　　　　　　艰难的同居生活
　　　　　　　发现日本艺术

1888—1889　普罗旺斯的艳阳下　　　　　　93
　　　　　　　光的发现
　　　　　　　短暂的平静时光
　　　　　　　高更的版本

1889　　　　精神错乱　　　　　　　　　　129
　　　　　　　生存的窘迫

1889—1890　尾声　　　　　　　　　　　　139
　　　　　　　圣雷米医院的治疗
　　　　　　　与加歇医生相伴于奥维尔

　　　　　　　年表　　　　　　　　　　　　159
　　　　　　　索引　　　　　　　　　　　　163
　　　　　　　参考书目　　　　　　　　　　167

1853—1880 躁动的青春期

双生

在怀孕和临产前的几个月,文森特·凡·高的母亲安娜·克纳莉亚·卡本特斯究竟是怎么度过的?一年前的1852年,她的第一个孩子出生没多久就去世了,所以,并不难想象她是在怎样的一种纠结情感的折磨下,等待着这件既让她怀抱希望又焦躁不安的大事。终于在1853年3月30日,一个崭新的生命带来了希望,这个孩子活了下来,并被起名为文森特·威廉·凡·高。但3月30日是一个不寻常的日子,凡·高的生日恰好是他小兄长的祭日。奇怪的巧合,几乎是宿命,一件"命中注定"的事,以至于上天都觉得让排行老二的文森特在他父母第一个小孩的命名日出生,不是格外的馈赠,只是让他代替了哥哥而已。想必文森特在他的一生中都是这么想的,或想的更糟。他也许会觉得自己真是一个盗贼,占据了别人的摇篮,偷走了别人父母的爱

文森特·凡·高,约十二岁

文森特·凡·高,十三岁

护。为了解释他所受的苦难,有人猜测过,他从出生那天起就陷入了自责,这种自责随着年龄的增长不断加深,直到他结束自己悲惨人生的那天。如果有人一定要给他在生命最初的感性认识下一些新的结论的话,那么可以说,他还在襁褓之时,母亲就带给了他躁动的情感。尽管这不算是一个理由,但小文森特带着一个焦虑、躁动、比常人更有感受力的灵魂长大,却是事实。

在这个庞大而循规蹈矩的中产家庭里,文森特带有一种与生俱来的本能,他的性格,似乎与当地封闭而又传统的环境相对立。"我的青春时光是……忧郁、寒冷并看不到未来的",这是文森特写给弟弟提奥数以百计的信件之一。正是他与弟弟提奥、妹妹威廉明娜及其他亲戚,还有一些朋友比如画家埃米尔·伯纳德的信件往来,给我们提供了了解凡·高生活和思想的主要线索。

在提奥的信中可以看出,文森特和他父母之间紧张的关系显露无疑。与其他信件相比,尤其值得一提的是,在1881年和家人一起生活的那段时间写给弟弟的信。当时他经历了一系列失败后回到了埃腾——一座位于荷兰北布拉班特省中部的小城。比如说在这封他在家前几个月寄出的信中,有比较清晰的一段:"爸爸妈妈非常好,但他们并不能理解我们内心深处的情感,并不像我们一样真正地理解彼此。他们全心全意地爱着我们(特别是你),而我们(我像你一样)也深深爱着他们。可是,更多的时候,他们并不能给予我们一些实质性的建议,尽管他们的本意是好的,但总是不懂我们。这不是我们的错,也不是他们的错,而是因为年龄、想法和处境的不同。"

在埃腾,他和父母的矛盾因为一件事而激化。文森特做了一件曾经做过,后来也没有停止的事:

表姐琪和她的儿子

爱上错的人。这次他爱上的是表姐琪,一个带着孩子的寡妇。她完全无视他的存在,而他并不愿意放弃,一步步地接近她,又在所有人的阻止中结束对她的感情。

他开始和家人疯狂地争吵,尤其是和父亲。尽管文森特热切地想得到家人的包容与支持,但他无法忍受父亲那套冷酷无情的伦理道德观和狭隘的思想,还有死板的教条及独裁的教育方式。这点在他给弟弟的信中显而易见:"爸爸不理解我,跟不上我的思想,我也受不了他那一套,他的压制让我窒息。我也会时不时地读读《圣经》,就像我读米什莱、巴尔扎克或艾略特的文字一样。从《圣经》中,我读出了和爸爸不一样的理解,我找不到他从中找到的道理,而正是这些道理可以解释他那学术式的严谨思维……有关于艺术方面的问题,爸爸一点都不懂。只有当他不干涉我在很多事情上的自由和独立时,我们才能达成共识。"另外一封写于1882年1月,当时他与父亲大吵了一架,父亲喊着让他滚出家门后(这件事让文森特在搬到海牙之后还无法释怀,又说了两次),他写了长篇大论反驳父母,控诉他们如何不理解他,还罗列出了十点指责他们对儿女缺少怜悯之心的论据。我们从第二点到第六点中就能看到一些有力的论据。"二、'让爸妈不得安宁',这样的话不是你说的,是一个虚伪的爸爸说的,可惜他还是我的爸爸。我已经和他说了,也和妈妈说了,我觉得他就是一个虚伪的人,不过,还好他不会再打扰我了。每当有人问他问题,他不知道怎么回答的时候,他就会甩出这句话:'你迟早会杀了我'。比如说在他很安静地读报纸、抽烟的时

文森特·凡·高(1871)

候,他都能说出这句话。所以我根本不把他这些话当回事。有时候爸爸会发怒,让我们毛骨悚然,不知如何是好,然后大家就得听他的。当然,如果别人不把他当回事,他也会生气。爸爸在家里极其暴躁、易怒,认为自己可以命令所有人。他脑袋里的任何一个突发奇想都会顺理成章地变成'家庭行为准则',连我都不得不服从。三、与一个老头子战斗其实没那么难,恰恰是因为他又老又弱,我才退让了上百次,忍受了原以为自己不能忍受的事情。然而这次,我完全懒得和他吵,我直截了当地告诉他'够了!'由于他并不想要讲道理,我便择机制止了他。大家不敢向爸爸提出自己的看法,要是他能时不时地去倾听别人,那将是一件很好的事。四、我们的关系(指文森特和他父亲)并没有磨合好,但我还是给他留了封信,告诉他我在外边租了一间工作室,真诚地祝福他一切都好,并且希望我们在新的一年里不再有任何形式的争吵。的确,没必要再争执什么了,因为毫无意义。如果只是

两个裸体人物研究
(约1880)

偶尔的一次争吵，那就另当别论了，但这是一连串的争吵。最后我下定决心，冷静地告诉他那些始终不被他当回事的东西。当我被气得头昏脑涨时，我就想象自己冷静的样子。不过这样一来，我就再也不能保持沉默了，也不知道怎样圆滑地处理这些事。

海牙宫廷的池塘（1870—1873）
阿姆斯特丹，凡·高博物馆

古老的荷兰家庭

凡·高的家族有着古老的历史，他的祖辈可能来自于他们姓氏的发源地——小城镇"高"，接近德国边境。他们从16世纪时就在那里安家了。他们之中甚至还有人在当时担任着重要的公职，比如约翰内斯·凡·高，在1628年是荷兰共和国的"最高财务官"，又或者说米凯勒·凡·高，曾被委任迎接1660年登基的英国国王查理二世的外交重任。

凡·高的父亲，提奥多勒斯·凡·高，1822年在本斯乔普出生。在乌得勒支完成了神学的研习后，27岁的他于1849年4月搬到今荷兰北布拉班特省，开始了传教士生活，成为津德尔特教区加尔文派的宗教领袖。提奥多勒斯有十个生活在不同地区的兄弟。文森特和亨德里克·文森特（多称亨伯伯），是布鲁塞尔的一名艺术品商人；约翰内斯（扬伯伯）在阿姆斯特丹做过海员并在那里生活；克纳利斯·马里努斯（克叔叔）和文森特（森伯伯）都是艺术品商人。文森特的母亲，安娜·克纳莉亚·卡本特斯（1819—1907），是一位海牙宫廷书籍装订匠的女儿。她与提奥多勒斯·凡·高在1851年结婚，比丈夫差不多大三岁。

他们婚后育有七个孩子，在第一个孩子去世之后，凡·高出生了，接着安娜·克纳莉亚（1855），提奥（1857），伊丽莎白·胡蓓尔塔（1859），威廉明娜·凡·高（1862）和克纳莉亚·文森特（1867）相继出生。安娜·克纳莉亚·卡本特斯是一位性格刚毅的女子，她喜爱亲

森伯伯（父亲提奥多勒斯的哥哥）

近大自然,并且在她的信件中展露了写作天赋,她的画家儿子貌似继承了她的基因。在文森特所有的兄弟姐妹中,除了提奥,与他联系最多的无疑是妹妹威廉明娜·凡·高,1941年死在了疯人院。在她生命的最后几年,一共收到了凡·高寄来的22封信。

凡·高父亲:提奥多勒斯·凡·高

凡·高母亲:安娜·克纳莉亚·卡本特斯

车道（1873）
作于海牙
阿姆斯特丹，凡·高博物馆

马格斯之家（1879）
洛杉矶，阿曼德·哈默艺术博物馆

我承认，我确实发脾气了，但我并不为此觉得抱歉。如果爸妈以后一直这样做事的话，我一个字都不会收回。如果他们能因为我的劝说而变得稍微仁慈点，有点感情，那么我会非常开心地收回所有我说过的难听的话。但我不认为这真的会发生。五、爸妈只要不和我休战，他们就没法过日子。因为只要跟我争吵，他们就给自己的周围布下了一片荒漠，给自己准备了一个悲伤的晚年……如果他们不改变，我担心他们会在孤独中度过很多个悲伤的日子。六、我没什么好后悔的。在我们的关系发展到这个地步之前，我由于和父母彼此的不理解而煎熬了很久。但现在事情演变到这个份儿上，说实话，我再也没什么遗憾了，只有自由的感觉。如果以后我意识到自己当时做的不对，我自然会后悔我的处理方式。但到目前为止，我还没找到其他和他们相处的方式。就算多年后，我也会坚定地告诉自己，'尽早从这个房子里滚出去吧！'我马上就走，再也不要回来了。因为经济原因，也为了不给他们制造更多的麻烦，我不情愿地离开了家——他们应该能懂；也是他们的那句'滚！'让我认清了自己的道路。"

所以，在文森特去海牙追求自己艺术事业的同时，他心中那个拥有和睦家庭关系的幻象也随之破碎了。用他自己

教堂内部（约1870）
约翰内斯·博斯博姆
海牙，海牙市立博物馆

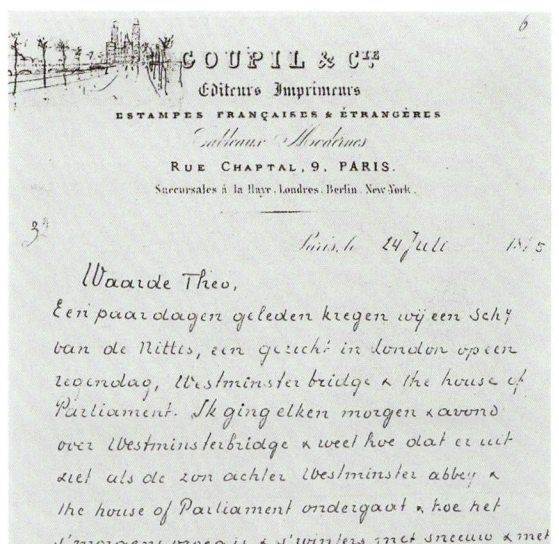

皮特舍姆与特南格连的教堂
（1875）
画于从艾尔沃斯写给弟弟提奥的信上
阿姆斯特丹，凡·高博物馆

纽南的小教堂

的话来说就是"已成事实"。几个月后，之前与父母决裂的痛苦又回来了，他再一次陷入感情的旋涡。在给弟弟写的信里，他写道："提奥，我刚在想，怎样才能让家里的那些事有所改观呢？比如说，父亲多给我点信任，不那么怀疑我；要是可以，他倒不如把我看作一个会犯错的人，表现最大的耐心，有更多的意愿去了解我的真实想法——就是他完全不理解的那些想法。我离开家后，首先，他因我而受的折磨少了，不用那么为我担心。其次，

纽南的小教堂(1884年1月)
阿姆斯特丹,凡·高博物馆

静物画:草帽(1885年9月)
奥特洛,库勒-慕勒博物馆

静物画:葡萄、苹果、柠檬与梨
(1887年秋天)
芝加哥,芝加哥艺术学院

在另外一个地方，我的痛苦也少了很多，因为我意识到一件特别悲哀的事：这样的话还不如没有家，没有爸妈呢。从前我经常这么想，现在也是。"

1882年1月，凡·高离开了父母在埃腾的家——并非他出生的地方。其实这一家人在1875年才搬到埃腾。凡·高出生在荷兰北布拉班特省的津德尔特（上文中提到过）。他的父亲在这里得到了第一份工作，在教堂做牧师。未来成为艺术家的凡·高，在这个离比利时的城市安特卫普不到三十公里的小村庄里，度过了童年和青春期的时光。

静物画：五个瓶子
（1884年11月）
维也纳，Neue Galerie in der Stallburg

夜幕秋景（1885年10—11月）
乌德勒支，乌德勒支中央博物馆

北部记忆（1890年3—4月）
阿姆斯特丹，凡·高博物馆

文森特和提奥

1914年，在提奥的遗孀乔安娜·邦格的整理下，凡·高写给提奥的信件第一次出版。然后是文森特·威廉，也就是凡·高的侄子（父母给他取了和伯父一样的名字——文森特），公开了兄弟俩之间完整的书信往来，还出版了他的父亲和凡·高之间的信件。

人们整理了凡·高用三种语言写的信，共计864封，分别是荷兰语、法语和英语，其中的668封是他从1872年12月13日到1890年7月23日写给弟弟提奥的。

对文森特来说，比他小四岁的弟弟提奥，毫无疑问是他一生中最重要的人，是家庭关系中重要的一部分。从来往的信件中显现了他们非同一般的手足之情。从幼年到青年，他们一直保持着一种相互信任、亲密无间的关系，即便他们在生活上并没有成长为有相同认知和选择的人。当时文森特是家里的"害群之马"，而提奥是"死脑筋"，这让他们感觉非常亲近，并产生共鸣。文森特曾在信中多次提到联结着他和提奥那种强有力的纽带关系。比如说在1876的信中他写给弟弟："我很高兴我们有这么多的共同点，我指的不仅是童年的那些回忆，还有你工作的公司，正是前不久我工作的地方。你了解了很多对我来说很熟悉的人和地方，你也和我一样热爱大自然，热爱艺术。"在1880年文森特开始成为职业艺术家的时候起，他们的关系比之前更加亲密了。提奥成为哥哥的"艺术资助人"，并持续了一生，因为这样文森特就能一心一意地工作了。文森特想用画

弟弟提奥（约1889）

画的方式去回报他，于是，他不停地画画，尽管他自己第一个明白他那些画是多么一文不值。正如1889年9月他给弟弟的信中写到的那样："你对我这么好，我真希望能为你做点儿什么，来证明我并不是一个忘恩负义的人"。不仅如此，文森特觉得提奥也是一个艺术家，甚至是他作品的合作者。1888年的9月他这样说道："至今，我依然不认为我的画同我从你那得到的好处等值。但我向你保证，一旦有人认可它们，你也将像我一样成为这些画的创作者，因为这本来就是我们一起完成的。"后来，人们找到了他去世那几天还没寄出的信，里面再次写道："我亲爱的弟弟啊，我想再次告诉你，我从不认为你仅仅是一个画商，你像我一样创作了这些画。尽管它们很失败，但是始终保持着宁静、安详的模样。"

1891年1月25日提奥因肺部感染死于乌特勒支的诊所。现在也有人说他是死于梅毒。当时距凡·高去世仅过去6个月。1914年，乔安娜·邦格把丈夫的遗体从乌特勒支公墓移到了奥维尔公墓，把他葬在凡·高身旁，于此长眠。

最初的绝望

有关文森特头十年的资料很少。儿时的文森特似乎过着正常的生活，在1860年注册入读了一家公立学校，跟随一位天主教徒学习了一年，然后按照父亲的意愿，继续上私学，直到1864年他11岁时，才被送往邻近泽芬贝亨的寄宿学校。就在这时，由于过于敏感的性格，文森特第一次离开家的生活如同一个因撕裂而疼痛的口子，直到他成年后，这些悲伤的记忆仍旧鲜活。当回忆起当时的情形时，他写道："我站在普维利先生旁边的楼梯上，看着我们的马车在湿漉漉的大街上越行越远。"之后，文森特在蒂尔堡读了两年的中学，然而在1868年文森特15岁时，他的学习生涯突然中止了。这主要是由于经济状况——家里没办法继续支付他的学费，也可能是因为他在学校的成绩不佳，或是因为文森特自己也不想给父母增加更多的负担了，于是一年后他就开始工作了。在接下来的十年里，他的境况都差不多。1877年，凡·高正在准备大学的入学考试，想要进修神学。这次他的努力同样没有得到回报，并且他在创作上花费过多，这迫使他终止了学业。"你可能会问我：你为什么不继续下去？就像我们所希望的那样继续读大学呢？"1880年，凡·高对提奥写道："在这个问题上我只能这么说：太贵了。"就这样，他干脆地解释了放弃学业这件事。

文森特对在津德尔特度过的童年

一张纸上左右两边的画（1880）

记忆犹新,那些雾蒙蒙的北方平原的景致,独自一人或者在亲爱弟弟的陪伴下的漫步。"那些在北布拉班特田间和荒野的记忆,将永远留在我们心中",他给已经成年的提奥写信道:"在我们的北布拉班特有很多橡树,在荷兰还有很多柳树。"1878年他在博里纳日的煤矿区中回忆:"在病中,我仿佛又看见了津德尔特家中的每一个房间、那里的每一条路、花园里的每一棵植物、周边的建筑、田野、邻居、公墓、教堂和菜园,甚至还有公墓那棵高耸洋槐树上的喜鹊巢。"他在这封1889年1月从阿尔勒寄出的信中尽诉心事,次日由于精神疾病,他第一次被迫住院治疗。几个月之后,他从圣雷米精神病院寄出了一封信,里面写道:"随信我给你寄来了几幅这里知了的草图。在炎热的天气里,它们的歌声对我来说就像我们家乡农家的蟋蟀一样有魅力。"

总之,关于那片土地的记忆,牢牢地烙印在了这个敏感男子的心里。他少年离家,不顾一切地寻找自己的道路,最后发现自己已经三十多岁了,然而饱经沧桑之后,无论钱财还是幸福,他都一无所获。

海克福德路之家(1873—1874)
作于伦敦
阿姆斯特丹,凡·高博物馆

筋疲力竭(1881)

凡·高第一次开始思考自己的未来,是在1869年,他16岁。在父亲的兄弟——森伯伯的帮助下,他在古皮尔的海牙分公司找到了工作。这是一家享有权威的巴黎艺术品经销公司,它的子公司遍布欧洲。这看上去是一个过早就要肩负生活责任的年轻人做出的明智选择。但在1876年,文森特向提奥回忆起这段向成人生活过渡的决定性瞬间时却写道:"父亲是荷兰一座小村庄的牧师。我11岁开始去上学,直到16岁。当时,我要选择一份工作,但我不知道该怎么办。"这封信暗示了当时这个小青年并不那么确定要做出什么样的选择。事实上,几乎可以确定地说,他的选择要与父母的期许达成一致,是受到了限制的。在这方面,得提一下,在凡·高家族中,工作通常会一代代地传给男性。这些工作大体上分为两类:牧师(提奥多勒斯,凡·高的父亲,本身是位牧师)和艺术品经销商(像文森特父亲的三个兄弟,以及后来的提奥)。所以,为了不打破家族传统,文森特先走了第一条道路,而后走了第二条,他是真心想把它们走好。然而这两条路都失败了,不过每走一条路所得到的经验都深深地影响了他后来的艺术生涯。

受雇于古皮尔公司期间,凡·高开始长时间地直接接触绘画和创作,同时有机会观看到大量的过去及当代艺术作品的复制品及照片。在闲

埃滕的教会委员会与教堂（1876）
作于埃滕
阿姆斯特丹,
凡·高博物馆

暇时,他去参观当地的博物馆,描摹荷兰大师们的作品。1873年之前,一切都发展得非常顺利。在这一年,他的弟弟提奥也进入了古皮尔的一家分公司(位于布鲁塞尔)。这一年文森特第一次居住在巴黎,他满怀热忱地参观了罗浮宫内的沙龙展览,以及卢森堡博物馆。后来,他被调去了古皮尔伦敦分公司,这件事给他未来的工作造成了非常不好的影响。

凡·高在那里生活了两年,尝尽了痛苦和孤独,他的信件也逐渐流露出忧郁的味道。他在伦敦的生活隐蔽而单调,也因为微薄的收入能带给他的乐趣太少了,只有下班后在公园或在泰晤士河畔散散步,参观一下博物馆,或者带着极大的热情阅读如狄更斯和乔治·艾略特这种"同病相怜"的作家的作品,或者选择画画。更糟糕的事情发生在8月,文森特的房租变得特别贵,他被迫搬到了劳尔遗孀在海克福德路87号家中开的膳食公寓里,之后他爱上了房东的女儿,却遭到拒绝。这是他第一次对爱情失望,这也是他伤感的一生中,第一次碰到永远无法和他有所牵连的爱情。关于女孩的名字要多说一句,是欧金尼,而不是厄休拉,许多早期的传记混淆了她与她的母亲的名字。但有人认为凡·高的第一次不愉快的恋爱,

树林中的女孩
(1882年8月)
奥特洛,
库勒–慕勒博物馆

马车广场

（1882年8月）
温特图尔，芙罗拉别墅

在霍赫芬的牛奶场

（1883年9月）
阿姆斯特丹，凡·高博物馆

是和另外一个叫卡罗琳·翰娜贝克的荷兰女孩。这件事至今还没有被完全证实。

在阴暗的、令人绝望的伦敦旅居生活中,文森特的举止开始变得神秘,并逐渐转变成了一种实实在在的宗教式狂热。他的热情逐渐高涨,与此同时,他对古皮尔的工作越来越不感兴趣,认为这样的生活对他来说毫无意义。于是1875年5月,在森伯伯的帮助下,文森特调到古皮尔公司在巴黎的总部。森伯伯希望这样的改变可以对他好些,可惜做了无用功。同年9月,他写信给提奥:"若使一个人进入基督教,那他就会是一个全新的被造物。

那些老旧的事物早已消逝,这就使得他有幸变成新的东西。我想要毁掉自己所有的书籍,就像儒勒·米什莱的书。我希望你也这么做。"现在已经很清楚做,文森特已经发生了重大转变,而在这点上,他却以另一种角度看待自己的生活。他认为,服务和他相似的那些人就是自己非凡的使命。他的新信条十分严格,以至于要他牺牲所有的世俗利益,包括心爱的书本。那些亵神的,不同于《圣经》原文和模仿基督教的书。他以一种几乎决绝的方式切断了对它们的喜欢。如今他的兴趣几乎只剩下读《圣经》和《师色篇》,("你来读,这是一本伟大的书,它能照亮我们",他还这样写给提奥)此类书。

在1875年底,文森特在古皮尔的职位不保,他花在工作上的心思越来越少:上班迟到,对客人暴躁、易怒且举止粗鲁,无法忍受上司,在没有批准的情况下就擅自离开公司回家过圣诞节。直到1876年4月1日,在布索特-瓦拉东股东的同意下,这家巴黎艺术公司解雇了他。

负重者(1881)
作于布鲁塞尔
奥特洛,库勒-慕勒博物馆

在雨中（1882）
海牙，海牙市立博物馆

学校与煤矿

对文森特来说这几乎是一种解脱,因为他终于觉得找到了自己真正的道路。他离开巴黎,回到了伦敦。为了解决温饱和住宿问题,他在拉姆斯盖特的一所私立学校做代课教师,学校由牧师威廉·波特·斯托克斯开办。他在这里负责24个10至14岁小孩的教学,孩子们看起来很喜欢他。夏天时,他在艾尔沃斯的一所学校找到了工作,学校由卫理公会一位受人尊敬的牧师——托马斯·斯莱德·琼斯管理。正当他渴望找到一份专业的宗教类工作时,文森特成功地获得了首个礼拜日布道的机会,这一布道仪式在10月29日举行。但他的说教既没有说服力,也没有吸引力,就像他的父亲一样。圣诞节的时候,他回到了父母在埃腾的家。比之前更糟的是,他好像陷入了宗教极端主义之中,这让他的父母开始担心。父母设法劝说他不要回伦敦,这时森伯伯在距离埃腾的多德雷赫特一个叫包乐史-范罢览的书店给他找了一份店员的差事。家人让他"改邪归正"的尝试仅仅取得了暂时的成功,因为文森特的心根本不在这里,他继续追逐着他的宗教梦。

对待同事和顾客的时候,他还是带着自己一如既往的粗鲁、傲慢和无礼。最终他下定决心:决定放下工作,和父亲达成了一个表面上看起来双方都满意的协议:以后,他可以自由地按照自己的志向选择

拉姆斯盖特学校窗外景观(1876)
阿姆斯特丹,
凡·高博物馆

生活道路，但要保证自己有个好出路——这条道路就是去阿姆斯特丹大学修读神学。于是在1877年5月，他像前文所述的那样开始准备入学考试，用最恰当的方式处理了所有事务。父亲的另一个哥哥，约翰内斯（扬伯伯），是一家海上造船厂的指挥官，他专门在阿姆斯特丹的家里接待了文森特，而在学习方面，他让蒙德斯·得·科斯塔教授教文森特希腊语和拉丁语。日后，教授忆起了这位年轻的学生："从三楼的房间里……我看见他来了，右臂紧紧环抱着书，左手拿着清晨在公墓旁采下的雪莲花。"

就像之前一样，文森特在某个时候决定放弃了，他付出太多，得到的却很少。"我只要一想这事，还是会打寒战，那是我一生中最糟糕的时期。"在两年后给提奥的一封信中他提到这件事。希腊语和拉丁语对我来说有什么用？他可能这样想过。他不想成为一位无聊的教授或者一位优雅的礼拜日牧师，他的基督教是全副武装的。他想在战场上战斗，和那些遭受苦难的人们并肩作战。在1878年7月，文森特离开了阿姆斯特丹，回到父母在埃腾的家。家里人仍然试着去理解他，同他交谈，试着调整目标，只为挽救那些还可以挽救的失败。凡·高的下一站是在布鲁塞尔附近的拉肯镇，在那里他将接受为期三个月的课程，既可以得到一个民间传教士的名头，也不用学习拉丁语和希腊语。面对儿子的多次尝试，父母虽然不抱希望，但还是支持了他。"我经常想，无论做什么事，文森特都能用他古怪的秉性和奇异的想法毁掉一切。"母亲写道。父亲补充道："看见他这样我们也很痛苦，他活的一点都不开心，总是意志消沉，垂头丧气……他似乎故意要走一条最艰难的路。"随之而来的是意料之中的失败：文森特没有通过这门课的期末考试，提奥多勒斯和安娜·克纳莉亚的预言成真了。

但这并不意味着凡·高的失败，他依旧固执而倔强地为之坚持，因为在他看来这是命运所交付的使命。他决定搬到比利时南部的矿业大区博里纳日。文森特来此的意图正是给那些贫穷的矿工家庭带来些许安慰。他和他们一起生活，通过对《圣经》的诵读和解释，缓解他们每天的艰辛之感。在1878年11

小棚屋（1885）
阿姆斯丹，
凡·高博物馆

月，这位有抱负的传教士在布鲁塞尔安顿下来，他在教学路39号从一个流动商贩手里租了座房子，每月要支付30法郎，而为他付这笔钱的还是父亲。几个星期之后，就是新的一年了。1879年，他受到了布鲁塞尔福音学校或多或少的认可，被临时任命为瓦姆镇附近一个小城的世俗牧师，每个月有50法郎的工资。文森特仿佛离目标更近了，但因为他没办法让自己"正常"，所以又把事情搞砸了。事实上，他死板地照搬福音书中的教条，开始过极度贫困的生活，把身体和灵魂都献给了他人。结果是他拒绝住在舒适的家里，搬到工棚，睡在地上，吃粗茶淡饭，赤脚走路，让自己的身体遭受苦行。他把拥有的财富都给了有需要的人，竭尽全力地照顾病人，包括得了会传染的斑疹病病人。但是他敏感的性情并不能忍受煤矿里艰苦的生活条件。

地狱煤矿

在19世纪下半叶，比利时是最大的煤炭生产国之一，而煤炭又是19世纪最重要的经济资源之一。得益于不断进步的技术研发，煤炭的节约化开采得到了长足的发展。与此相应的，矿工们的工作非常艰辛、危险，生活条件也很艰苦。

正如凡·高在1879年从瓦姆给提奥的信中明确提到的："不久前，我进行了一次有趣的探险，在一个矿里待了六个小时，那是蒙斯最老旧、最危险的地区之一。它臭名远扬，因为很多人死在了这里。这些人死的时候，有的在下井，有的要上去，有的赶上了爆炸、毒气、地层渗水或者塌方。这是一个非常阴暗的地方，初到这里，一切看起来都阴郁又不幸。几乎所有的矿工都发烧，他们的面容疲惫而憔悴，脸庞因劳累而松弛，提早衰老。这个矿有五个煤层，上面三层已经被掏空，废置：因为现在产量特别少，所以已经没有必要继续作业了。矿里的景象（用来居住的格子间）是我从未见过的。试想一下，一排格子间在底层的隧道被一些柱子勉强支撑着。每一个小格子间里都有一个穿着粗糙工作服的矿工，又脏又黑，像个打扫烟囱的人，在一盏小灯散发出的昏暗光线下采煤。在一些小格子间里，他们能站得起来，但在其他格子间里他们只能躺着工作……这些格子间的组合让人联想到蜂巢，或者一个地牢似阴暗的走廊，或者纺织工人的一排织布机，或者——说好听点——一排烤面包的炉子……这些隧道就像北布拉班特工厂里高高的烟囱，渗出的水和矿灯在一起产生了一种奇特的效果，看起来就像钟乳石洞穴。……很多重活都是由年轻的小伙子和姑娘来做的。在700米深的地下，竟然有一个住着七匹老马的马厩，它们得拖着矿车到所谓接头的地方，工人从这里把煤提到地表。其他矿工为防止塌陷而修复老旧的地道，或者继续开掘煤矿。……很多人都是文盲。他们很无知，但能聪明而快速地处理艰难的工作。他们都是些坦诚而又勇敢的人，虽然身材矮小，但也敦实有力，有着忧郁而深邃的眼神。他们工作繁重，会做很多事情。"

博里纳日地区瓦姆煤矿井

在席凡宁根的海滩上（1882）

在博里纳日（7—8月）
阿姆斯特丹，凡·高博物馆

阿姆斯特丹德鲁伊特尔码头（1885 年 10 月）
阿姆斯特丹，凡·高博物馆

文森特带着极大的热情，全心全意地接受这份使命，然而上级并不看好他，决定终止他的工作。文森特没有放弃，不顾一切地继续福音传教工作，从博里纳日到奎姆。他独自对抗一切，生活一贫如洗，甚至连与提奥通信给他的安慰也没有了。

事实上，1879年的最后几个月直至1880年7月，兄弟俩都没有信件往来。当通信往来恢复后，文森特在第一封信中痛苦地回忆道："也许就像你知道的那样，我回到博里纳日了。爸爸让我在埃腾附近多待些日子，我拒绝了，并且觉得这样做再好不过了。我很不想成为这个家里一个让人不解而又古怪的角色。"如今看来，当写这些字句的时候，他作为牧师的那段生活已经永远结束了，文森特准备追随他的另一个天赋了，这也是他最终的选择——成为艺术家。

疲惫不堪 | 永恒的入口
（1882）

席凡宁根的暴风雨
（1882 年 8 月）
阿姆斯特丹，凡·高博物馆

REGNO UNITO
PAESI BASSI
GERMANIA
BELGIO
LUSSEMBURGO
Parigi
FRANCIA
SVIZZERA
AUSTRIA
SLOVENIA
ANDORRA
SAN MARINO
SPAGNA
Marsiglia
MONACO
ITALIA
Haarlem
Amsterdam
Hilversum
Deventer
Utrecht
Apeldoorn
Enschede
L'Aia
Den Haag
PAESI BASSI
Arnhem
Münster
Rotterdam
Nimwegen
Kleve
Reno
Hamm
Dordrecht
s.-Hertogenbosch
Wesel
Dortmund
Breda
Tilburg
Eindhoven
Duisburg
Essen
Hagen
Krefeld
Wuppertal
Ostende
Brugge
Anversa
Antwerpen
Mönchen-gladbach
Düsseldorf
Mechelen
Leverkusen
Calais
Dunkerque
Gent
Hasselt
Colonia
Köln
Siegburg
Bruxelles
Brussel
Leuven
Kortrijk
Maastricht
Bonn
Aachen
Roubaix
Fiandre
Limburgo
Armentières
Lille
BELGIO
Verviers
Lüttich
GERMANIA
Artois
Botrange
Andernach
Mons
Namur
Mosa
Wasmes
Charleroi
Eifel
Koblenz
La Manica
Ardenne
Cap de la Hague
Cherbourg
Amiens
St-Quentin
Charleville-Mézières
LUSSEMBURGO
Hunsrück
Trier
Mosella
Schengen
Lussemburgo
Luxemburg
Le Havre
Baia d. Senna
Cotentin
Rouen
FRANCIA
Beauvais
Reims
Saarbrücken
Pirmasens
Île de France
St.-Lô
Caen
Senna
Argonne
Metz
Marna
Châlons-sur-Marne
Évreux
Parigi
Lorena
Versailles
Brie
Nancy
Normandia
Champagne
Chartres
Vosgi
0 35 70 km
Cartografia LEGENDA

Oise
Auvers-sur-Oise
Pontoise
A1
Taverny
Seine
Charles de Gaulle
Sarcelles
A13
A15
St-Denis
St-Germain-en-Laye
Seine
le Raincy
PARIGI
A12
Marne
Versailles
A4
Sceaux
Chevreuse
Orly
Brunoy
A11
A6
Seine
0 7 14km

Belœil
Jurbise
Casteau
BELGIO
Blaton
A16
Hautrage
A7
Condé s.-l'Escaut
A7
Quaregnon
Havré
MONS
Boussu
A2
Colfontaine
Quiévr
Frameries
Dour
Wasmes
Borinage
Quèvy
Jeanlain
FRANCIA
Bavay
Maubeuge
0 3,5 7km

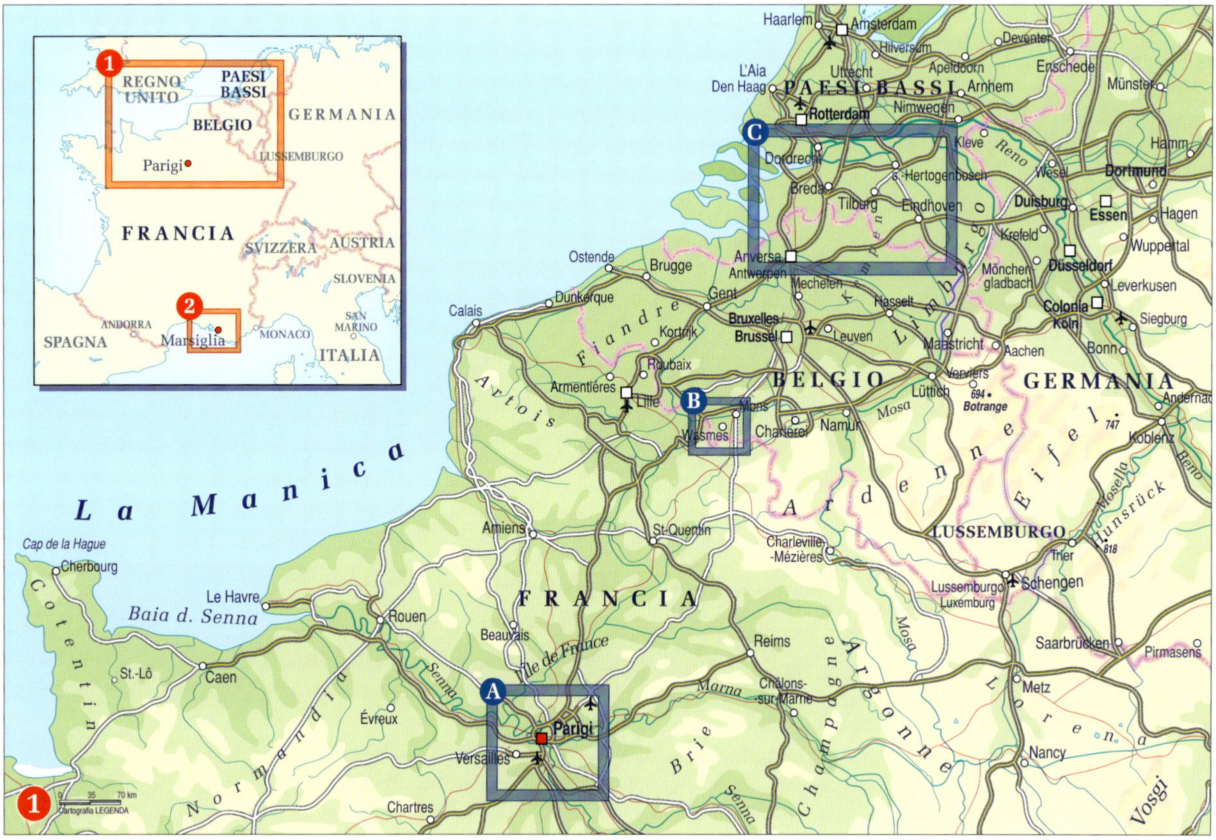

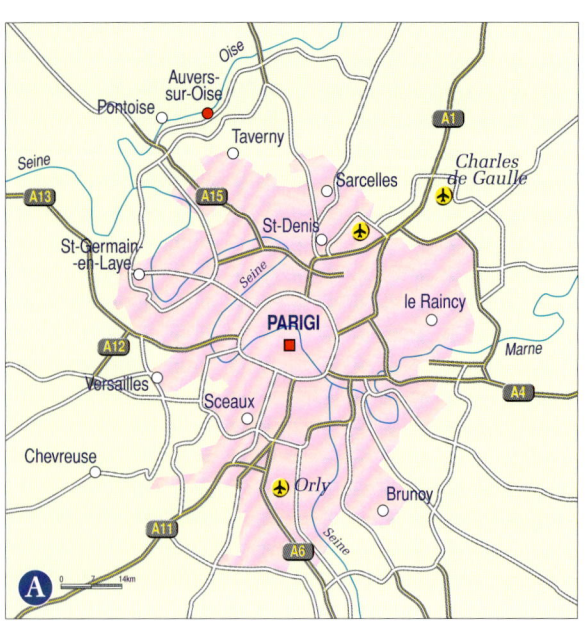

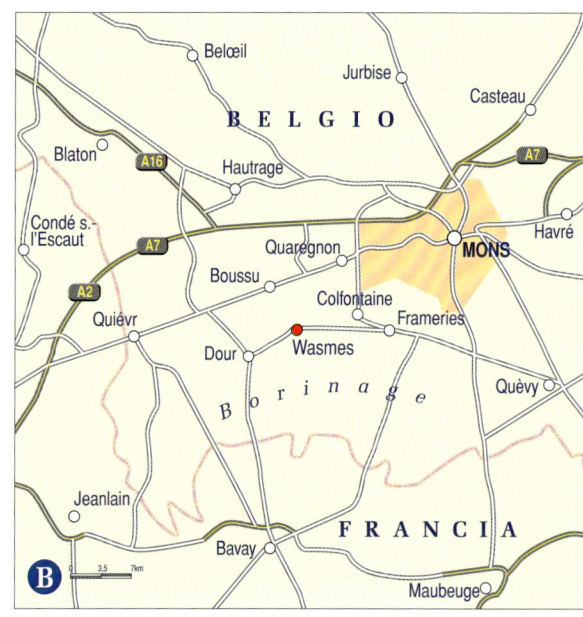

凡·高生活和工作的主要地方：
A 巴黎地区和瓦兹河畔的奥维尔
B 博里纳日的矿区
C 凡·高青年时代居住的荷兰
D 普罗旺斯

1881—1885 荷兰时期

选择绘画

凡·高在古皮尔艺术之家做职员时兴趣满满,做牧师时饱受折磨。相比于前两份工作,艺术这一领域以一种意外而突兀的方式进入了他的生命。然而周边的环境极大地刺激了他的神经。因为在1880年他做出这个新选择时已经27岁了。对于掌握一门新手艺来说,他的年龄的确有些大了。而相比于其他行业,艺术并不是人人都能领悟的。1883年12月,他的意志已经足够坚定了。在写给提奥的信里,他解释了这个迟来的决定:"那时候(在古皮尔工作时)我简直是在自残,每天的压力重如泰山。我为自己不是一个真正的画家而自责。然而被古皮尔开除之后,我仍旧没有全身心地投入艺术之中,而是做了其他的事(第二个错误是第一个的延续);那时我感到很气馁,因为画家们根本不会注意到不善言谈的我。"

这种气馁让文森特发现,正是那几年的传教使命带走了他所有的热情和干劲。古皮尔的工作经历在他的心里留下了烙印,留下了对艺术的热情,也提高了他的审美水平。在那个年代,几乎只有社会精英才能直接享有艺术品,而巴黎的艺术之家和它的子公司完成了一个任务,那就是通过销售复制品,推广最高水平的艺术知识,从雕刻版画到摄影作品应有尽有。文森特在一个如此负有盛名的公司工作,经手的艺术品有成千上万,包括巴比松画派、波尔蒂尼、米勒、梅松尼尔等人的作品,这些艺术品他都可以观赏。时光在这样的氛围中慢慢流逝,到后来这份艺术工作不仅仅成了他的一种习惯,还成了一种需要,就像他喜欢读书一样。在从古皮尔海牙子公司到伦敦再到巴黎的地点转换中,他从未中断过对当地博物馆的参观。在"转行"做艺术家之前,他在给弟弟的信里提到过

很多绘画大师和他们的作品，比如他在1878年12月26日的信中就提到过，当时他刚刚去博里纳日做传教士。更有意思的是，尽管文森特全身心地履行他慰藉矿工的宗教使命，但他那双艺术之眼仍然被现实世界刺激着："别人都说博里纳日没有绘画，但我不同意……这座城市风景如画并且有着自己的特色：这里的一切都值得被讲述，一切都富有意义。最近，在圣诞节前阴沉的几天里，大地被积雪覆盖，我想起了老彼得·勃鲁盖尔的中世纪画作，想起了那些熟知如何用红绿黑白色搭配出惊艳效果的艺术家。马蒂亚斯·马里斯和阿尔布雷·希特·丢勒的作品也随处可见。在破旧的小路上，到处是长满荆棘的灌木丛和弯曲的大树，那些奇形怪状的树根让人想到丢勒的版画《骑士、死神

沃尔夫赫兹羊圈
马蒂亚斯·马里斯
海牙，海牙市立博物馆

木匠的庭院与洗涤室（1882）
奥特洛，
库勒－慕勒博物馆

和魔鬼》里的小路。看矿工们在黄昏的皑皑白雪中回家,就像看一场怪异的表演。从煤矿回来的男人们浑身脏黑,一个个就跟打扫烟囱的工人似的。他们小小的容身之处,与其说是家,不如说是窝棚,这些窝棚散布在小路间、树林里和山坡上。到处都可以看到被苔藓覆盖的屋顶,晚上窗户里还会闪烁出光芒。"

这些迹象都反映了凡·高正在成形的艺术情怀。除此之外,凡·高青年时的作品也印证了这一点,尤其是从1873年到1875年他在古皮尔伦敦分公司时的画作。在这些作品中,最早的可以追溯到1862年,也就是凡·高9岁的时候。比如现存于奥特洛市库勒–慕勒博物馆里的《桥》和《牛奶杯》。

素描是凡·高表达艺术情感的窗口,他从素描启程,逐渐走向油画。1880年他做志愿工作时迫切地想画画,没有基督教权威人士的批准,也没人付他工资,他就在博里纳日的矿工之中作画。"我胡乱涂画了一幅素描,描绘的是煤炭工人清

矿工归来
作于奎姆
奥特洛,库勒–
慕勒博物馆

晨在雪中走向矿井的场景。他们沿着有荆棘篱笆的小道前进，在黎明中依稀可见他们闪动的影子。"他在那年8月20号给提奥这样写道，并且附上了那张素描的草图。同年9月24日，他从奎姆写信给弟弟，就在这时，他决定全身心投入绘画行业。文森特回想起上一个冬天里发生的一件事，当时他兜里只装着10法郎，走了70公里的路，都走出法国边境了，只为了到库里耶尔观看朱尔斯·布勒东的工作室，因为布勒东是他最喜欢的画家之一。在回来的路上，他已经"累得筋疲力尽，拖着磨破了的脚……花光了10法郎"，他在各种地方打盹，"有一次在废弃的马车厢里……有一次在一堆干柴上……还有一次……在草垛上"。他并没有因为自己艰苦的生活而被绝望的情绪打倒，而是跨越了这一难关，这让他相信未来自己可以成为一名艺术家。其实，凡·高一直在反抗自己的命运，直到命中注定被绝望击垮而自杀的那一刻。"我告诉自己：'不管怎样，我都会从头再来。我将重新拿起那由于灰心丧气而抛弃的画笔，重新投身于绘画中。'从那时起，我觉得一切都变

巴比松画派米勒家的后院（1876）
让·弗朗索瓦·米勒

了。我在进步，我的笔变得顺手些了，我似乎一天比一天像艺术家了。"

那一刻，文森特带着决心和毅力开启了绘画生涯。当获得了提奥的经济帮助后，他更加坚定自己的目标了。1880年7月，提奥给文森特寄了第一笔钱，之后每个月都给他寄支票，直到凡·高去世。他们1880年9月24日的信里提供着凡·高当学徒时的珍贵信息："我刚收到一卷最新收藏的画作，里面用了不同的蚀刻法，其中最好的是来自杜比尼和雅各布·凡·雷斯达尔的《小溪》画作系列。真是好极了。

草土块做的棚屋（1883年秋）
阿姆斯特丹，凡·高博物馆

篱笆外（1884年春）
阿姆斯特丹，凡·高博物馆

我想用两种不同的方法画两张素描，一张用这种蚀刻法，另一张用泰奥多尔·卢梭《荒原中的沼泽》里的那种风格。"文森特写道。

在1880年9月这封信的前面几行里，凡·高这样写道："我一直在学习巴尔格的绘画课程，我觉得得先把这件事做完再去做其他事，因为这门课程不但可以强化技巧，还能充实精神，让我逐渐变得成熟。"这个阶段的学习可以证实，凡·高的绘画风格主要是借助相关资料自学而成的。对初学者来说，这些资料就是各种各样的临摹，以

挖掘者（1882年11月）
巴黎，艺术与考古图书馆

此训练分析、模仿和动手操作的能力，比如查尔斯·巴尔格的《素描教程》《炭笔画练习》。

这封信中有一段很有意思的内容："煤矿工人和纺织工人仍是边缘群体，某些东西把他们与其他工作人员和手工业者区分开来。我无比同情他们。如果有一天，我能通过对他们的描绘让世人了解这些陌生的群体，那我将非常开心。"

熏鱼场（1882年5月）
格罗宁根，格罗宁根博物馆

席凡宁根缝纫妇（1881年12月）

凡·高和海牙画派

1880年10月，在提奥的经济支持下，文森特注册进入了布鲁塞尔美术学院学习，接受正规的教育，结束了学徒生涯。这段时间他学习了解剖学和透视法（1882年，他从丢勒的一幅画中获得灵感，做了一个透视框架）。他还结交了画家安东·凡·拉帕德（1858—1892），并且在他的画室里工作了一段时间。然而他很快就感觉受不了学院派的教育了，不久后他从那里给安东·凡·拉帕德写信说："美术学院是一个情人，会阻碍真爱，阻碍更加炽热、更有生命力的爱，她已在你体内苏醒。放开她吧，请不顾一切地去爱你真正的爱人：爱你的本能，或者说爱你的真实。"

这标志着凡·高艺术生涯的一个节点。从此以后，他希望自己与绘画对象有联系。受宗教式生活的影响，他不允许冷冰冰的审美理论把绘画对象和自己的感悟分开。

在他最初的作品中，我们可以非常清晰地看到，他非常希望能与画中所展现的事物互通灵魂，也正是这一因素恶化了他与第一位绘画老师——安东·莫夫——的关系。

安东·莫夫（1838—1888），是海牙画派的主要代表之一，同时也是凡·高的姨夫。

雅各布·凡·雷斯达尔当时在荷兰艺术界有一种向巴比松画派的风景画靠近的趋向，与巴比松画派不同，海牙画派的作品结构和谐而整齐，这也是巴洛克时期荷兰风景画家的创作特点，其中就包括雅各布·凡·雷斯达尔。所以，这一画派的画作精致优雅，结构严谨，但

自画像（1884）
安东·莫夫
海牙，海牙市立博物馆

50　艺术人生——凡·高

是习惯于把感情和画作分割开来，而正是这一点触碰到了凡·高忍耐的极限。他也像海牙派画家一样描绘海边的景色，描绘渔民和船只，但是他的画作和雷斯达尔等17世纪晚期的风景画家的作品一样，倾向于流露对自然的崇敬感。这一点与海牙画派的作品中的冷静、宏伟不同。除了安东·莫夫以外，海牙派其他代表约瑟夫·伊斯拉尔斯（1824—1911），雅各布·马里斯（1837—1899），马蒂亚斯（1839—1917）和威廉（1844—1910），马里斯和约翰内斯·博斯博姆（1817—1891）的作品也都体现了海牙画派的这一特点。

1881年12月21日，凡·高给提奥写信，讲述了他与所谓的姨夫的见面："看到我的作品后，莫夫立即告诉我：'你和模特太近了。'"他给出的建议，是与绘画的含义相对立的。根据莫夫的绘画准则，画家需要孤立地观察所展现的事物。而文森特不可能认同这样的准则。正是由于这一点，不久后二人的关系彻底破裂了。

1882年4月末，在文森特写给提奥的另一封信证实了两位艺术家在观点上的分歧："我说'我是一个艺术家'，莫夫觉得我冒犯了他，但我并不打算收回这些话，因为这些话还有一层意思，那就是：'我会永远寻找这根本不存在的东西'。与之相反的是：'我知道我已经找到了'。其实我最终想表达的是：'我在寻找，我在斗争，我会为此全力以赴'。"

凡·高和海牙画派作品之间关系的不确定性在他1885年4月给提奥的一封信中显露无遗。凡·高这样写道："上个礼拜我去一个熟人家，那的确是一个很好的、富有现实主义的工作室。我看到了一位老妇人的肖像画，出自一位学徒之手。他直接或间接地向海牙画派的画家学习。在颜色搭配上，我可以看出某种犹豫和某种精神层面的贫瘠……而且这种迹象有扩散的危险。如果从字面意思去理解，那么现实主义就是精细的设计和原本的色彩。可是现实主义还有着很多其他的意味。""其他的意味"也包括艺术品中的情色场景。对凡·高而言，在他进入艺术领域前，"情色"就已经成为他生活的一部分了。

与穷人们并肩作战

在这一阶段中,这位荷兰艺术家指明了他在创作生涯初期最喜爱的作品主题,那就是贫苦的矿工和纺织工。其中,矿工出现在他初期的素描作品里,而纺织工和农民成为他肖像作品中极其普遍的主人公。

如果要摘出凡·高摄取灵感的对象,那就要再次强调19世纪法国现实主义流派作品的重要性,尤其是米勒或者布勒东的社会艺术。

他们作品的主题既贴近大众又感动人心,带有一种温情的特质,联结着一些出身卑微、没有政治意图或者说很难翻身的阶层。前辈的作品和文森特浓厚的宗教情感达成了完美的共识,这两者的一致性体现在对待弱者的态度,以及对人类和上帝的爱上:"我们试着读懂伟大艺术家和真正大师的杰作中所包含的真理。"在1880年7月他写给提奥:"在那里,人们可以找到上帝。"

总而言之,艺术这件事对凡·高

棚屋前劳作的农妇(1885)
芝加哥,芝加哥艺术学院

奉告祈祷

（1857—1859）
让·弗郎索瓦·米勒
巴黎，奥赛博物馆

纺纱工（1876）
让·弗朗索瓦·米勒

年轻农民肖像画（1889 年 9 月）
威尼斯，佩姬·古根汉美术馆

来说，与其说是审美的需求，不如说更像是一个崇高的道德目标。在某种意义上，献身于艺术等同于继续为出身卑微的人群作画。可能正是这一强烈的道义感，把他的牧师志向和艺术家天赋联结起来，为他在这两份相差甚远的职业间的转换提供了一个合理的解释。除此之外，在他的艺术创作方式上还有一个很重要的方面：文森特内心的感受和艺术上的表现是融为一体的，所以艺术作品几乎变成了他自身的一个延伸。文森特相信，当一个人完全专注于某件事情时，他的思想和行动，外在和内在，是不可能分开的。因此，就像在宗教工作中，他通过诵读《福音书》进行教学，没有把理想与现实区分开来一样；在艺术这个创造性的工作中，他把艺术和生活当作一回事，对绘画无法自拔。"对我来说，书、现实和艺术之间没有区别。"1883年2月他这样写道。在那年的夏天，他又说："我想逃离自己原有的设计和绘画的形式，我的目的不是满足艺术领域中某种特定的风格，而是表达一种真诚的、属于人的感情。"

用手纺车的妇人
（1884）

在他画布上的签名缩写都是简单的"文森特",就像他在信里的署名一样,这似乎在表明,绘画和书信均为私人活动,是他与自己内心世界的交流。

正像我们之前所说,1880年10月,在提奥的资助下,凡·高进入布鲁塞尔美术学院学习,接受正规教育。在这段时间里,他学习了解剖学和透视法,结交了画家安东·凡·拉帕德,还在画室里工作了一段时间。很快,他就受不了学院教育,离开了布鲁塞尔,继续自学。

1881年4月,他接受了父母的建议,在埃腾安顿下来。在这里他继续作画,尤其喜欢在室外写生。他描绘农民在地里劳作的场景,忠诚于他的艺术道德和他敬爱的法国榜样画家。不幸的是,一件重提的旧事为他的逗

泰尔斯海灵岛女子收容院(1884)
安东·凡·拉帕德
海牙,海牙市立博物馆

焚枯者(1883)

推车妇（1883 年 3 月）

留留下了一个戏剧性的结尾。他重拾了对表姐琪火热的爱，然而依旧没有得到回应。这段时间家庭充斥着争吵，最后，文森特用一个过激的行为恶化了整件事情：一个晚上，为了向心上人证明他的爱有多深，他竟然用蜡烛烧伤了自己的一只手，还好是左手。紧接着就是他与父亲的一场大吵。因为跟儿子讲不通道理，父亲十分愤怒，在1881年的圣诞夜把他赶出了家门。凡·高就这样搬到了海牙。他在那里跟著名画家安东·莫夫学习，早在他回荷兰之前，就曾联系过这位老师。莫夫也是他的远亲。这位杰出的大师，同约翰尼斯·博斯博姆、马里斯兄弟和约瑟夫·伊斯拉尔斯一样，是海牙画派最主要的代表之一。而海牙画派是19世纪下半叶荷兰最具代表性的艺术家团体。他们试图结合法国巴比松画派中的现实主义与荷兰17世纪著名的传统现实主义。正是与莫夫的交情让凡·高在艺术的道路上有了进一步的发展。在他的指导下，凡·高终于开始创作有色画。

1881年底他创作了两幅油画，一幅为《静物画：木鞋、白菜和土豆》，另一幅为《啤酒壶和水果》。在画家生涯初期，凡·高用笔还是非常谨慎的，素描对他来说仍然是极为重要的练习。"我希望你能明白，我继续集中注意力画素描有两个原因，"在1882年7月他给提奥写道，"第一我想在画素描时手更稳一些，第二因

桌上的农民一家（1884—1886）
约瑟夫·伊斯拉尔斯

静物画：木鞋、白菜与土豆
（1881年12月）
奥特洛，库勒－慕勒博物馆

为油画和水彩画要花钱的地方太多了。"这两个原因决定了凡·高绘画作品的构成，他在整个艺术生涯里大约画了1600张素描（除了133张在信纸上的草稿之外）。即使画油画变成了他每天要做的事，并且已经能够熟练地掌控画刷之后，凡·高也没有停止过画素描。

他在最早的画作中主要描绘风景，其中海洋和郊区景象占多数，正如海牙画派传统的主题一样。海牙画派对凡·高的影响有限，但在主题选择上对他产生了很大的影响。在他的作品中不存在精雕细琢，不存在对细节的关注，也不存在绝对理想化的画面，而这些恰恰是海牙画派的特点。自从开始作画以来，他对画面的定位就是强烈，而不是漂亮；是以真挚的感情赋予生机，而不是画得有多"好"。

前辈和楷模

1869年,凡·高进入古皮尔海牙分公司工作,这家巴黎企业的分公司遍布欧洲,专营艺术印刷品。当时的凡·高已经是各地博物馆的常客了,他又在这样一家公司工作,经手的艺术复制品成千上万,所以有机会接触到国际水平的杰作。

1873年,当弟弟提奥也被古皮尔公司录用后,文森特被调到了巴黎分公司。在入职前,凡·高利用几天时间和法国艺术进行了一次亲密接触:他参观了沙龙展、罗浮宫和卢森堡博物馆。1874年,也就是一年后,他在给弟弟的信里提及了56位喜爱的画家,其中包括米勒、卢梭、布雷顿和特罗雍。在这56位画家中不乏19世纪70年代法国现实主义的先驱。19世纪40年代初期,以西奥多·卢梭为主导力量,包括杜比尼、特罗雍和米勒在内的画家们创建了巴比松画派。这个画派的名字源于枫丹白露旁的村庄名,画家们经常去那里工作。这一画派的画家不承认当时备受瞩目的历史画,而是推崇风景画。他们的作品与浪漫主义画作不同,大自然在画中并不是一个绘画主题或者构想主题,画家们需要通过观察,真实且完整地重现自然画面,后来印象派发扬了这一特点。

另外,绘画主题的选择范围更加广泛了,米勒认为日常生活和底层阶级也可以作为描绘的对象,就像后来库尔贝用极端的方式所表现出的那样。无论是从技术层面还是从艺术层面,法国现实主义都对凡·高初期创作起到了决定性的作用,其中一个原因是凡·高把荷兰画家安东·莫夫视为自己的朋友和顾问,而莫夫正是海牙画派中倾向于巴比松画

无家可归(1876)
埃德温·巴克曼

派风格的画家。凡·高尤其欣赏米勒和他面向大众的艺术。虽然这位法国艺术家在画中已经美化了现实,但对社会底层人民的描绘还是深深触动了凡·高。包括《播种者》在内的一系列作品成为凡·高早期创作的重要参照。当时的凡·高还迷恋左拉和狄更斯的作品,从他的信里我们可以看出他对贫民阶层的关心和兴趣,那些以工人或者农民为主人公所创作的版画也可以证明这一点。

古皮尔公司海牙分店(19世纪末)

从1883年创作《土豆采集者》开始,凡·高的很多作品都在描绘农民、纺织工,以及他们所从事的工作。其实,凡·高对艺术的目的主要是道德层面的,法国现实主义画家的作品则完美地呈现了他的想法。"他所画的是基督的教导。"凡·高在一封信中这样描述米勒。凡·高始终忠诚于这一道德理想,米勒也是他一生中最欣赏的艺术家之一。1889年,文森特自愿前往圣雷米精神病院接受治疗,在养病期间他还在临摹这位法国艺术家的作品,就像他在给提奥的信里说的一样:"我已经临摹了十幅《播种者》……如果你看到《播种者》用色彩呈现的效果,你会感到惊讶的。这真的是一系列灌注热情的作品。"

周日的农民(1875年10月9日)
胡贝特·冯·赫尔科默
载于《画报〈人民的头像〉》

可耻的关系

单单从艺术创作方面来说，在海牙的经历对凡·高没有留下什么影响。但是在他的生活中发生了重大的事情。1882年1月，克雷西娜·玛丽亚·胡尔尼克，也就是熙恩，走进了他的生活。她是一个年长于凡·高的妓女，常年沉迷于酒精。当时她怀着孕，并且已经是一个孩子的母亲了。文森特一向热心于帮助身边的人，并且不理会社会舆论。这次也一样，他接纳了熙恩和她的孩子，让她做他的伴侣和模特。例如在他最著名的画作之一《悲伤》（又名《痛苦》）里，那个痛苦的形象和饱受摧残的身体正是熙恩的。"她的脸上有着天花留下的疤痕，所以并不是特别美，但她身体的线条简单干净，不失雅致。"文森特在一封1882年5月的信上，向提奥这样描述她："我喜欢上她并不是因为她对我卖弄风情，而是因为她举止静雅，懂得节俭，完全可以随机应变地去学习，所以她能用各种方式帮助我工作……她虽然言词不得体……但这一点我并不在意。比起在谈话中专弄文雅却无真情实感的言辞，我更喜欢讲粗话，这很棒。"凡·高甚至决定要娶她，这无

熙恩手持雪茄围炉而坐
（1882）
奥特洛，
库勒－慕勒博物馆

悲伤 | 痛苦（1882 年 11 月）
阿姆斯特丹，凡·高博物馆

疑会引起父母的反对,他们不能理解儿子。像往常一样,文森特向提奥寻求理解:"我不再询问他们的建议了,我已经是个成年人了。我问你,我是否可以自由地结婚?可以还是不可以?……我对谁负责?又是谁想方设法地逼迫我?让那些阻碍我的人见鬼去吧!"当月,他就写了另一封信给提奥,信中他强调:"现在,提奥,我认为我在做的事(帮助熙恩)不会给我们家族蒙羞。我希望我们的家族能接受她,不再多生是非。否则,我们也会变成敌人。现在轮到我说了:'我不会因为对其他人的爱而抛弃这个女人,我们因为相互帮助和尊重而紧密地结合'。"因此,在1883年6月,凡·高说,"爸爸当时和我说:'和一个地位卑微的女人相处,总有些事是不道德的。'在我来看这是错误的,因为我认为这和社会地位、道德水平毫无关联。因为社会地位和这个世界有关,而道德和上帝有关。他还说,'不要因为一个女人而糟蹋了你的社会地位',但我认为,当一个人性命攸关时,社会地位根本就不重要。"

随着时间的推移,熙恩的孩子出生了。由于凡·高的画作卖不出去,所以经济压力一直增长。而他唯一的收入,就是提奥的救助。尽管贫穷仍在继续,凡·高却一直坚信着自己的艺术天分,并没有停止创作。直到1883年底,家庭的重担变得不可承受。提奥,这个唯一没有放弃他的人,以"专心于艺术"为由,说服了哥哥和熙恩分手。

凡·高开始了他苦涩的独居生活,并住在荷兰东北部的德伦特省,

缝纫的熙恩与女儿(1883)
阿姆斯特丹,凡·高博物馆

离家很远。在 1883 年 12 月,他重新回到了父母的家。他们当时住在纽南,也位于北布拉班特省。但是凡·高并不奢求得到信任。他甚至开始感到这个社会对他的不理解,对他的孤立和排挤:"对他们(爸爸和妈妈)来说,接我回家就像接一条肮脏的疯狗回家一样,让他们害怕。"他刚到纽南的那个月里,就忧郁地写道:"在他们眼里,我可能是一条拖着湿漉漉的脏爪子在房间里跑的狗。——这很粗鲁。我让大家恶心,我的叫声很大。总之,我就是个畜生。好吧,但是我这个畜生有着人的故事,我只是一只有着人的灵魂的狗,况且我这只狗很感性,能够知晓这些人都在怎么想我,而这是普通的狗所做不到的。我,承

种土豆的农民
(1884 年 8—9 月)
作于纽南
奥特洛,库勒 – 慕勒博物馆

犁田者(1884 年 8—9 月)
乌珀塔尔,冯德海特博物馆

认自己就是这样的一只狗,我就待在狗的身体里吧。"

他在父母住处停留了两年,这期间,他的大脑一直疯狂地运转。他完成了上百幅有色画和素描,甚至还教别人绘画。有一组作品的主题集中在农民和纺织工人身上。纺织工是一直并肩作战的劳动阶层,也是他许多作品中的模特(除了文学作品中的著名人物之外)。在这组作品中,最早的是《土豆采集者》,

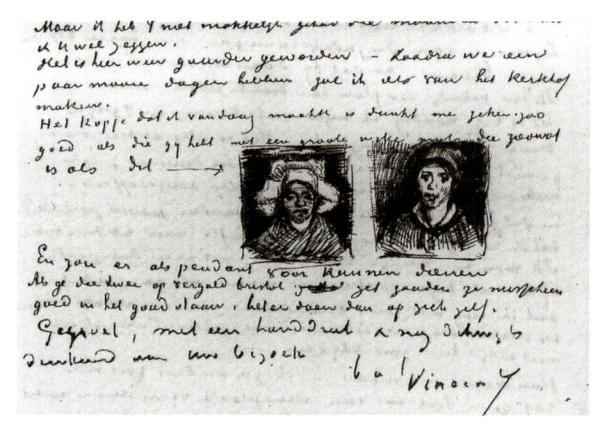

一封信中的农妇头像(1885)
草图
阿姆斯特丹,凡·高博物馆

农妇头像(1885年3月)
伯尔尼,伯尔尼艺术博物馆

戴白色帽子的农妇头像(1885)
版画
阿姆斯特丹,凡·高博物馆

吃土豆的人
奥特洛，库勒－慕勒博物馆

垃圾场（约1883）
写给弟弟提奥信中的略图
阿姆斯特丹，凡·高博物馆

那是1883年他在海牙时的作品。

对人物及其工作的描绘，在凡·高早期的作品中成了一种习惯：画面的重心落在了造型和场景的表现力上。他善用深色，多用沥青般阴郁的色彩。这个时期的代表作是《吃土豆的人》，作于1885年4月到5月，描绘了一个非常简单的农民家庭的生活场景。这是他当时最有信心的作品。他以农民的思维，标新立异地创作了一系列绘画草图，包括内景、局部图和创作草稿，而这些画的表达方式并不是他所惯用的。

农妇头像（1885）
阿姆斯特丹，凡·高博物馆

艺术人生——凡·高 67

1885年11月末,也是他父亲突然死亡(同年3月)后,有谣言诽谤凡·高致使一位年轻的农妇怀孕。于是,凡·高随后搬到了安特卫普,并恢复了与官方艺术圈的接触。他就读于当地著名的高等美术学院,参观博物馆,被鲁本斯的作品所吸引。他在学习上很努力,学习一些有难度的课程,但他显然被这个中规中矩的生活束缚了,以至于考试成绩很差。这次,个性驱使他启程去了巴黎。对他来说,那是一个值得生活和工作的城市。

年轻农民的头像(1885)
阿姆斯特丹,凡·高博物馆

吃土豆的人(1885年4月)

织布机前的织布工(1884)
奥特洛,库勒-慕勒博物馆

吃土豆的人（1885年4月）
海牙，海牙市立博物馆

安特卫普景观（1885）
阿姆斯特丹，凡·高博物馆

1886—1888
巴黎：印象派大都会

在艺术之都

"未来几年发生的所有事都取决于我累积的人脉，比如在我现在生活的安特卫普和之后要去的巴黎。"文森特在1886年1月从弗拉芒写信给提奥，当时他刚刚注册进入了美术学院学习，想要坚持走他的艺术之路。那句"之后要去巴黎"，实际上是马上要去巴黎：仅过了一个月后，他就突然决定前往法国首都。在巴黎，弟弟负责布索特-瓦拉东画廊一个分支部门，这个分支部门位于蒙马特大道19号。这个画廊是古皮尔艺术之家的前身，从1879年10月开始就长期雇用了提奥。

"我得再多赚点钱，或者多交点朋友，最好是两者兼得。这才是通

蒙马特区的菜圃：蒙马特高地
（1887年6—7月）
阿姆斯特丹，
凡·高博物馆

往成功的道路。"在同一封信中凡·高补充道。他又一次满怀热情,想要在艺术界里出名,甚至决定改正他叛逆和腼腆的性格,向通往成功之路的法则温顺地低头。他想:"为什么不把所有的路都走遍,然后选择一条最好的路呢?"在那个时代,对一个有抱负的艺术家来说,巴黎无疑是最好的选择,因为当时的巴黎是世界的艺术中心。对于那些知道如何把握机会、如何抓住灵感、未卜先知的人来说,巴黎是一个跳板,也是探索技术和艺术的源泉。

巴黎是未来的大都会,之前诞生了摄影,后来又诞生了电影;它是印象派的摇篮,而正是印象派开创了新型的绘画方式;它是一座不可思议的庞大铁建筑——埃菲尔铁塔颠覆过去城市景观之地,它很快就会让这座城市焕然一新;这里是各种文化和上流社交的聚集地,比如世界博览会、沙龙(官方沙龙及近期成立的独立展)、在前卫画廊和文艺咖啡厅举办的展览,等等;最终,它以其著名的夜生活场所成了娱乐之都,其中最有名的是红磨坊,在凡·高到达这座城市后的第三年开业。

红磨坊:拉·古留(1891)
亨利·德·图卢兹·罗特列克

红磨坊照片,拍摄于约 1900 年

站立的裸女（1886）
阿姆斯特丹，凡·高博物馆

艰难的同居生活

文森特于 1886 年 2 月 28 日抵达巴黎，提奥直到最后一刻也不知道他的到来，直到他收到了哥哥的一张便条，上面说在罗浮宫见。提奥让文森特住在家里，先是在匹加勒区的拉瓦街（现维克多·马斯街）。6 月，提奥又在蒙马特区勒皮克街 54 号租了一间宽敞、舒适的公寓，和哥哥同住。

兄弟俩被巨大的希望所鼓舞，开始了同居生活。他们的同居在理论上似乎只有好处，没有坏处：文森特不再觉得不安，也不用再焦急地等待提奥每月的补助，而且共同管理财务可以减少两人的浪费。提奥的学识与他在巴黎艺术环境中的游走，无疑对凡·高艺术职业的发展有所助益。然而两年后，同居生

阿斯尼埃弗瓦耶·达庄松公园的情侣
（1887 年 6—7 月）
阿姆斯特丹，凡·高博物馆

从蒙马特区看巴黎（1886 年夏天）
巴塞尔，巴塞尔艺术博物馆

活结束了。这归咎于凡·高的古怪脾气与他在人际交往上的无能。就连与亲爱的弟弟，他也相处不来。"他身体里就像有两个人一样，"提奥貌似很沮丧，"一个有天赋，有才华，出众且亲切，另一个自私又狠心。"不幸的是，正是因为兄弟俩这两年住在一起，用不着写信，所以对于发生在这一阶段的许多事情，我们都不得而知。

从 1886 年 2 月至 1888 年 2 月，凡·高一直居住在巴黎。对于其艺术来说，这是一个十分重要的时期，因为这是当代绘画史上激烈的技法实验和创新的潮流针锋相对的时刻。从作品数量上来说，凡·高在这两年也颇为高产——230 幅画。这比他职业生涯中的任何一个阶段创作的画都多。而且这230幅画有着很大的差别,他混合了各种风格和技法,寻找表达情感的艺术语言,而这一语言非常个性化。

抵达巴黎后,凡·高也感觉到了法国艺术的发展,但他所了解和欣赏的法国艺术仍然停留在现实主义创作上,尤其是对米勒的作品。像之前提到过的一样,他无条件地热爱米勒的绘画。与此同时,当他直接接触这座法国首都的文化生活时,自然会接触到先锋和潮流。而正是这些潮流开启了他艺术成长中极为重要的阶段。刚开始时,凡·高在一个极负盛名的学院派画家工作室里学习了一段时间,这位画家就是费尔南德·柯罗蒙。这是一个值得注意的阶段,并不是因为文森特跟着柯罗蒙大师学习,而是因为从这一阶段的学习中我们可以看出,他对传统的精湛技术并不感兴趣。在柯罗蒙工作室中,他学到了一些有趣的知识,并结识了工作室里的图卢兹·劳特列克、安克坦·路易斯,尤其是埃米尔·伯纳德成了他亲密而忠诚的伙伴。得益于他弟弟提奥,在巴黎的两年里,文森特与印象派和新印象派画家进行了重要的会面。这位荷兰画家认识了一些知名的人物:克劳德·莫奈、卡米耶·毕沙罗(文森特与他和他的儿子卢西恩成了朋友)、阿尔弗莱德·西斯莱、皮埃尔·奥古斯特·雷诺阿和新兴画家保罗·西涅克(文森特与他一起进行过露天作画)和乔治·修拉。就在1886年印象派画家举办的展览中,修拉展出了后印象派的宣传画《大碗岛的星期天下午》。

凡·高画面的色彩逐渐变得越来越明亮,绘画主题也越来越丰富。现在他会接受一些典型的印象派题材,捕捉当代城市生活或是郊外跳

艺术品商人亚历山大·瑞德肖像
(1887年春天)
格拉斯哥,凯文格洛弗艺术画廊与博物馆

动光线下的瞬间,将其展现在画布上。现实主义是凡·高荷兰时期绘画的特征,并且在巴黎时期的第一批作品中得到延续。对现实主义的倾向揭示了凡·高和印象派和后印象主义画家的联系,尽管这个联系从来都不完整,也从未禁锢住他。我们可以从1887年一系列花卉静物图中看出这一点,其中包括最早期的向日葵图。《阿斯尼埃之桥》描绘的就是印象派画家的"老地方"之一——塞纳河畔。凡·高还经常与伯纳德、西涅克一同去河岸边,做"印象主义"绘画,像极了印象派画家。室外作画进一步加深了他对色彩的认知:"通过画《阿斯尼埃之桥》,我看到了比之前更多的颜色。"他写道。在这段时间里,他集中注意力学习色彩,现在他靠本能去追逐,无须像他还在严肃的现实主义时期一样,用许多色彩去描绘。比起其他印象派画家,他的颜色更为鲜明、亮丽。正是对这些颜色越来越多的使用,为构成他晚期作品的

1870年,纳达尔摄影工作室位于纳达尔林荫大道上。四年后,这里举办首届印象派画展,照片藏于巴黎国家图书馆。

餐厅内部（1887年6—7月）
奥特洛，库勒-慕勒博物馆

阿斯尼埃之桥
（1887年夏天）
苏黎世，毕尔勒基金会

黄蓝色爆炸和对比鲜明的色调特点铺平了道路。

我们在巴黎时期一些重要的画作中看到文森特从印象派和点画派学习到的主题和技术知识：比如一些城市风景画——《克里希大道》《阿尔勒的餐厅》，还有大量的自画像（其中最有名的是现存于阿姆斯特丹的《画架上的自画像》），以及油画《餐厅内部》。

克里希大道（1887年2—3月）
局部
阿姆斯特丹，凡·高博物馆

从文森特在勒皮克街的房间看巴黎（1887 年春天）
阿姆斯特丹，凡·高博物馆

人鱼餐厅（1887年夏天）
巴黎，奥赛博物馆

巴黎1886年的名人大事

1886年文森特刚到巴黎时，这座法国首都的文艺世界里发生了许多振奋人心的事件，其中就包括印象派画家在拉菲特街举办的展览。这是修拉（展出了《大碗岛的星期天下午》）和西涅克第一次参加印象派展览，两位艺术家在19世纪的最后几十年脱颖而出，成了新印象派（也叫分割派和点彩派）的领军人物。新印象派标志着"传统"印象派的进一步发展，其创新技法引起了极大的反响。印象派在具象艺术领域中，是19世纪后半叶独特的存在。此派画家彻底颠覆了传统的绘画方式，抛弃了学院派的主题和技术，把感受放在艺术表现的中心。举个例子，"印象主义"再现从日常生活中抽象出来的主题，通过一种崭新的技法把主题展现在画布上，作品画面带有清晰、明亮的色调，这种技法需要使用小笔触来画纯色。观看这种画时，观众的眼睛要与画保持适当的距离，不能直接盯着画布的表面，只有这样图像才能成型。

1886年，也是让·莫雷亚斯在《费加罗报》的专栏上发表《象征主义宣言》的那个年份。象征主义是"当今艺术界灵魂创造者的趋势"。这个诞生于文学世界的流派影响了整个法国文化圈，成为19世纪末的主导潮流之一。19世纪中期，现实主义美学者和自然主义者垄断了文学和塑形艺术，在小说界最伟大的人物是福楼拜和左拉，而在绘画界最伟大的人物当数库尔贝和米勒。与自然主义艺术家不同，对象征主义者而言，现实生活要用超越客观存在的方式来解读，以呈现出对神秘、未知、卓越事物的视觉表现。"象征主义诗歌是教学的敌人、断言的敌人、客观描述的敌人，它想穿上感性的外衣，但不应成为自我的终结者，而应为某一思想服务，这样它才能完整。"莫雷亚斯这样写道。正如阿尔伯特·奥里埃（第一位称赞凡·高作品的评论家）在1891年所写，象征主义绘画的先锋是皮维·德·夏凡纳（1824—1898）和居斯塔夫·莫罗（1826—1898），这两位画家在19世纪后半叶一同工作，其中莫罗就是于斯曼在1884年发表的小说《逆天》里男主人公喜

在建的埃菲尔铁塔（1886）
版画

煎饼磨坊（1886年秋天）
局部
柏林，新国家美术馆

爱的"莎乐美画家"。

埃菲尔铁塔也是在1886年奠基的。三年后为了庆祝1889年世界博览会和法国大革命一百周年庆典，这座铁塔举行了落成仪式。这是一座引领时代的建筑，完完全全用铁建成，暗示着法国的首都是科技实验的中心。

实际上，设计这座塔的居斯塔夫·埃菲尔并不是一位建筑师，而是一位工程师。而在这项工程里，精湛的技术和精密的计算显然要比审美原则重要。

最后要说的这件事发生在1885年到1886年的冬天，年轻的西格蒙德·弗洛伊德在法国首都跟随著名的神经学家让-马丁·沙可学习（其实凡·高刚到巴黎，弗洛伊德就去维也纳了），当时让-马丁·沙可是萨彼里埃慈善医院的院长。正是在巴黎的经历对弗洛伊德知识理论的系统化起到了决定性作用，这位精神分析学之父，不久之后革新了关于大脑运行和人类行为的传统知识。他对潜意识的发现不仅在科学层面上有着重大的贡献，也深深地影响了艺术界和文学界。

艺术人生——凡·高　85

发现日本艺术

在巴黎的那两年,除了印象画以外,文森特对日本版画也日益产生了浓厚的兴趣。正如1885年11月他从安特卫普给提奥的信中所说:"我沿着码头的每一条堤坝走。这是一个走不出的迷宫。德·龚古尔说:'日式无处不在。'那么这堤道就是一个了不起的日本样式。'太棒了,真奇怪,我从没见过!'至少可以这么想。我想和你一起在这里散步,我不过是想看看我们的观察方式是否相同。在这里,你可以做任何想做的事情,比如观赏城市景色,观察形形色色的人。在海水和天空的细腻灰色背景中,船舶成了主角,一切都特别'日式'。我的意思是这些形态总是在动,在特别的环境中,一切都不可思议,它们总是呈现有趣的反差。"

在巴黎的日子里,凡·高对日本艺术的喜爱达到了前所未有的疯狂。其实在巴黎,日本版画一直都是莫奈和好友们崇拜的对象。"日式"之所以能在文艺圈风靡,不仅是由于异域的浪漫,还因为日本在此前几百年间都是闭关锁国,直到最近,

日本趣味:艺伎(1887年9—10月)
仿溪齐英泉
阿姆斯特丹,凡·高博物馆

日本港口才重新对外开放。手工制品虽对外展出,但是大家对这个国家了解甚少,甚至没有任何了解。

像其他印象派画家一样,凡·高也开始收藏日本版画,并且将其运用到自己的作品中。比如收藏在罗丹美术馆的《唐吉老爹》这幅画里,一方面,凡·高给予日本绘画明确的赞美,把日本版画作为作品的背景;另一方面,他把日本版画里简洁的版式和印象派鲜明、跳跃的颜色结合到了一起。尽管凡·高和其他印象派画家一样,倾向于对日本艺术保持低调、隐晦的喜爱,也没有临摹过多少日本画作,但是日本艺术对凡·高产生的微妙影响伴随了他的整个艺术生涯。

在巴黎的那几年是凡·高一生中最热衷于社交的时光。他与其他艺术家约见,讨论,经常光临他们的住所或者他们经营的画廊。其中一个聚会场所就是铃鼓咖啡馆。咖啡馆位于蒙马特区克里希大道,老板是意大利人阿戈斯蒂娜·塞加托里,也是德加之前的模特。

文森特与她有过一段短暂的关系,还为她画了一幅肖像画。画里,阿戈斯蒂娜坐在咖啡屋里一个放有咖啡的小桌旁(请注意桌面上画出的铃鼓,这正是咖啡馆名

唐吉老爹(1887年秋天)
巴黎,罗丹美术馆

唐吉老爹(1887—1888年冬天)

字的由来）。除了这幅肖像外，阿戈斯蒂娜可能也是《意大利女子》的主人公。她还是凡·高少有的裸体油画模特。

那些年在巴黎的艺术家们还有另一个碰面的地方，那就是位于克劳泽尔街的唐吉老爹的店。唐吉老爹参加过巴黎公社起义，是位慷慨的商人。店里经营些颜料与艺术物品，为先锋艺术家提供作画所需。

铃鼓咖啡馆和唐吉老爹的店里都会临时举办展览。如此一来，凡·高就可以和最好的朋友们举办画展了，这些朋友中有伯纳德、安克坦·路易斯、图卢兹·罗特列克，以及将给他生活留下巨大影响的高更。他们还成立了一个组织——"佩蒂特大道印象派"，名字是凡·高起的，为的是与印象派最权威和最著名的"格兰大道印象派"区分开来。

寒酸的尝试后，文森特萌生了一个富有野心的梦想，那就是创建一个像传统互助会一样的团体，一个在朋友之间生活步调和工作步调都一致的小圈子。一搬到阿尔勒，凡·高就经常提起这个梦想。和提奥恢复了通信后，凡·高在信里不止一次地说起这件事。他准备租一座既可以作住所又可以作工作室的"黄房子"，当高更来"黄房子"和他一起生活、工作时，他就迫不及待地想要实现这个计划了。

然而，眼下却是完全不同的现实，巴黎的生活充满了竞争和压力。"为了成功，就得有野心，可我觉得野心很荒谬。"凡·高写道。他的画完全卖不出去，这件事情既对他自己无益，也不利于他维护与提奥的关系。或许凡·高对提奥的期待远不止那些补助金。1887年，两人的关系逐渐变得紧张了，这让文森特焦躁不安、意志消沉，他只有春夏两季在室外时才会开心些，冬天天气不好的那几个月他都不舒服；他性格变得古怪，想法与众不同，经常会挑起冲突。"与文森特在一起的日

阿戈斯蒂娜·塞加托里于铃鼓咖啡馆
（1887年2—3月）
阿姆斯特丹，凡·高博物馆

意大利女子｜阿戈斯蒂娜·塞加托里

(1887年12月)
巴黎，奥赛博物馆

子几乎让人难以承受，"提奥在写给妹妹威廉明娜的信中诉苦，"没人能来我家，因为文森特和所有人都吵架。而且我们的家简直乱得不像个家了。我希望他能换个地方住。他自己也说了很多次，但如果我强迫他走的话，他反倒更想留下来。"不仅如此，文森特在巴黎养成了抽烟和酗酒的坏习惯。他尤其喜欢带有致命毒性的苦艾酒，就像我们接下来看到的那样，有人把他精神病的发作也归因于此。最终，城市对他来说变得无法忍受。"我想要回到南方的某个地方，以免看到那些人模狗样令我作呕的画家。"他私下对弟弟说。他又一次跟随自己冲动的性格，在1888年2月向普罗旺斯出发，前往炎热的阿尔勒。

自画像

凡·高画了四十多幅自画像。这些画的风格逐渐变化，由初期现实主义作品中的棕色调和明快色调，到后来的印象主义手法，直到最后极具个性化的风格。前辈画家对自画像的研究也帮助了凡·高，尤其是他的同乡——伦勃朗大师。对凡·高来说，把自己画出来需要强大的内心力量，因为一遍一遍的练习强迫他不停地寻找内心深处一直逃避的真相。

1882年，他在给提奥的信中写道："在大多数人眼中，我究竟是怎样的呢？我什么都不是，我是一个异类，一个让人厌恶的人；一个现在没有，将来也不会有社会地位的人；简单来说我就是劣质品里的劣质品。好吧，就算这是真的，我也一直想在我的作品中表现出这个怪人，表现出我这个一文不值的人的内心世界。"

凡·高想通过画作，尤其是通过自画像来建立人际关系的尝试失败了吗？这种沟通失败了吗？所以这些画像的作者始终孤单一人，把自己毫无遗漏地展现给众人，渴望被他人接受吗？在不同的自画像里，似乎有几个不变的元素：画的焦点是他灵魂的镜子——散发着炽热、哀求目光的眼睛；画布上的签名缩写都是简单的"文森特"，就像他在信里的署名一样，仿佛意味着画家将观众视为兄弟；最后一个元素出现较少，那就是调色板和画架——凡·高职业活动的必备品。其实他根本不需要把调色板和画架画上去，因为绘画就是他的生活。而画作之多则说明了他在艺术和生活之间的迷茫。

戴草帽的自画像（1887年夏天）
阿姆斯特丹，凡·高博物馆

文森特·凡·高的肖像画（1886）
约翰·拉塞尔
阿姆斯特丹，凡·高博物馆

画架前的凡·高（1888年初）
阿姆斯特丹，凡·高博物馆

叼烟斗的自画像（1886年上半年）
阿姆斯特丹，凡·高博物馆

自画像（1889年8月末）

1888—1889
普罗旺斯的艳阳下

光的发现

"大自然在这里格外美丽。"文森特从阿尔勒在给提奥的信中如此写道。凡·高为了逃离巴黎压抑的浓雾，顺着光的路径一路南下。在普罗旺斯明澈的天空下，他的灵魂、现实与他的艺术之间再次建立起了对应关系；重新找到的内心之光，让普罗旺斯的艳阳涌进了画作里缤纷的色彩中。这位荷兰艺术家声称，他就是在这里捕捉到了作品高峰时期那段著名的"黄色之音"。

煤驳船（1888 年 8 月）

这是一种不必拘泥于印象派画家需视觉数据调查的颜色，文森特现在用它来表达自己的情感。他本人也在 1888 年 8 月给提奥的信里写道："在巴黎学到的东西已远去，而我还在乡村时就有的一些想法重新浮现，那时我还没有认识印象派的画家们。比起印象派画家，德拉克洛瓦的观点让我在绘画方式上获得了很多的启迪。所以，如果以后印

开花的果园与柏树（1888 年 4 月）
奥特洛，库勒 – 慕勒博物馆

象派嘲笑我的绘画方式,我一点都不会感到意外。……因为相比于把眼前的东西表现得更为准确,我更想用自由的方式来展现浓烈的色彩。无论如何我们先不谈理论,我给你举个例子。我想给一位有伟大理想的艺术家朋友画幅肖像,他工作勤奋得像只日夜歌唱的夜莺,因为这是他的天性。那么我会把这个人的头发画成金发,并且在画中加上我对他的尊重之情。我尽可能准确地画出他本来的样子,以此为基础,但这幅画不该就这样结束。为了完成它,我将做一个自由的高水平画家:我会夸张金发,让里面包含橘黄色、黄色和浅柠檬黄的色调。至于肖像的背景,我不要画一堵寒酸公寓里才有的平淡无奇的墙,我要把墙画得没有尽头,画一个最奢华、最鲜艳的纯蓝色背景。"

普罗旺斯的草扎
(1888 年夏天)
奥特洛,
库勒 – 慕勒博物馆

日落中的麦田与播种者（1888 年 6 月）
奥特洛，库勒－慕勒博物馆

主观性成了凡·高绘画中有意而为的一部分。这并不意味着他想把主观性理论化，或者把它当作作品中一个必要的、计划好的前提，而是把它当作一种要求，当作他个人创作过程中必不可少的要素。所以，他的绘画语言是由他的情感和感受组成的。"我坐在一张白桌子旁，对面那个地方打动了我，"他在1882年写给提奥的信里这样写道，"我看着它在我面前，告诉自己：'这个空桌子会变成什么东西'，但我不满足于这个想法，就把它移开了。休息一会儿后，我开始用一种恐惧的眼光看它。但我仍然不满足，因为我脑袋里还是太清楚了，之前已经抽离出来的美好画面还是太清楚了。这时我找到了作品深处的一个回声，正是它打动了我。大自然对我诉说了一些东西，我都迅速地记了下来。"

凡·高来到阿尔勒时正值隆冬，天气寒冷，还下了雪。但是普罗旺斯的色彩和光线深深地打动了他，这片土地影响了他的性格，就像影响了塞尚、雷诺阿及其他艺术家一样。

提奥每月给哥哥寄250法郎，让他用于生活和工作。文森特想要报答他，

日落播种者
（1888）
阿姆斯特丹，
凡·高博物馆

普罗旺斯的收割者（1888年夏天）
耶路撒冷，以色列博物馆

阿尔勒餐厅内部（1888年8月）

于是从 1884 年开始给弟弟寄他的画,并且频繁地写信。与往常一样,他给提奥的信中都是内心和情感状态的自我剖析。这些信为我们提供了大量有关作品艺术构思的珍贵资料。

到达阿尔勒后,文森特住在卡瓦雷里尔街 30 号的卡雷尔宾馆。5 月初,他每月支付 15 法郎,租下了拉马丁广场 2 号楼里的四个房间。这座楼就是著名的"黄房子",它靠近市区,后来在"二战"中被毁。凡·高描绘此建筑物的同名画作现保存于阿姆斯特丹凡·高博物馆。

"黄房子"在第二次世界大战中被炸毁

阿尔勒的舞厅

(1888 年 12 月)
巴黎,奥赛博物馆

"黄房子"（1888年9月）
阿姆斯特丹，凡·高博物馆

南方画室

"你知道吗?我一直觉得独自生活的那些画家很蠢,把自己隔绝会失去很多东西。"文森特在1888年6月初给提奥这样写道。接下来的那个月里他又写道:"对于我们在去年冬天谈过的艺术家社团,我还是想坚持自己的看法。"

在阿尔勒居住的日子里,凡·高始终没有放弃建立一个让艺术家们可以像兄弟般一起和睦地工作、生活的组织的梦想。关于这一点,我们可以从他写给弟弟提奥、高更和伯纳德的信里看出。文森特的灵感不止一处:首先,某些程度上他把画室想象成中世纪的兄弟会,正如他在1888年8月中旬向弟弟描述的那样:"活得几乎像修道士或隐士,用激情工作,放弃宽裕的生活……画家要么像疯子,要么像有钱人;一杯牛奶要花一个法郎,一个面包两法郎,而且这些画还卖不掉。这就是我们为什么要像古时的修道士一样聚集起来。"

第二,他肯定借鉴了当时阿旺桥村画派的例子。1886年很多有着共同梦想的年轻人聚集到这座布列塔尼小镇,其中就有高更和伯纳德。第三个参照物也很重要,那就是凡·高心爱的日本艺术的传统:组建艺术家团体。凡·高把高更想象成为南方画室的领导人,称他为"修道院院长",赋予他进入这个假想画室的资格。提奥理所应当地负责"生意活动"的经贸部分,正如凡·高在1888年9月寄给他的信中所写:"我的想法是,成功创建一个工作室,传给后人,让他们也能在这里继续生活。我不知道我表达的是否足够清晰,换句话说,我们(我和你)干艺术这行。所以我们做的事情不仅会留在我们的时代,还会在我们死后延续下去。……我想在法国南部的入口创办一个初级工作室,这并不算一件不可理喻的事吧。如果有人说这里离巴黎太远了,那就尽管让他们说吧。"

后来,伴随着凡·高的精神异常和他与高更关系的破裂,南方画室这一设想最终灰飞烟灭。尽管如此,人们还是记住了凡·高做的这场梦。

圣马迪拉莫的小路（1888年6月）
阿姆斯特丹，凡·高博物馆

短暂的平静时光

文森特一直希望能在他的住处建立一个艺术家团体,一个在未来可以造福后代的南方画室。房子装修期间,他需要一个暂时可以工作和放东西的地方,于是他住进了家瑞咖啡厅的一间房间,还是在拉马丁广场,门牌号是10号。在这里,他同房东吉诺夫妇成了朋友。谁走进他的生活,谁就会走进他的艺术,这几乎是他不知不觉形成的习惯。于是吉诺夫人便成了不同版本的《阿尔勒妇人》的女主角。这时他与另外一个人的关系更进了一步——一位叫鲁林的无政府主义者,他是个有着年轻心态的老邮递员。凡·高曾这样描述他,"一个大胡子男人,像苏格拉底似的",他永远地活在了肖像中,他的妻子也是。于是《鲁林夫人》就有五个不同版本。

摇摇篮的鲁林夫人 | **奥古斯·鲁林**
(1889年1月)
芝加哥,芝加哥艺术学院

约瑟夫·鲁林肖像画

(1888年8月)

波士顿,波士顿美术馆

约瑟夫·鲁林
于其晚年

文森特在阿尔勒居住的一年零三个月中,画了二百多张画,其中有些特别出名,比如说"开花的果园"系列。也许他借描绘被唤醒的自然,隐喻南方艳阳把自己唤醒了。那年春天,他写道:"这个村庄美得像日本似的,环境清新,色彩明亮。"

日本版画为凡·高提供了盛开之树的模板,在不同版本的《朗格卢瓦桥》中,我们都能看到歌川广重的影子。在主题的选择上,凡·高效仿了其他的日本版画。很明显,在技术层面上,他在阿尔勒时期的

阿尔勒妇人 | 吉诺夫人持书

(1888—1889)

纽约,大都会艺术博物馆

艺术人生——凡·高 103

阿尔勒咖啡馆｜吉诺夫人（1888年11月）
保罗·高更
莫斯科，普希金博物馆

龟户天神社内（1857）
歌川广重
来自《名所江户百景》

大桥骤雨（1857）
歌川广重
来自《名所江户百景》

作品效仿了东方艺术,把在巴黎学习的印象主义理论和分割法抛到了脑后。在这一时期,凡·高重新思考,研究东方艺术作品中大面积色彩平涂的技法。

"我嫉妒日本艺术家,他们所表现的一切都极为清晰,"文森特在1888年9月给弟弟的信中写道,"没有什么是枯燥乏味的,也没有什么是要迅速完成的。他们的工作就像呼吸般简单,少量的线条就能勾勒出一个轮廓,就像扣马甲纽扣一样简单。"

颜色散发着特别的光彩,尤其是黄色,主导着调色板,色调浓烈,对比鲜明。比如在油画《向日葵》中,

朗格卢瓦桥(1888年3月)
奥特洛,国立博物馆,
库勒-慕勒博物馆

花朵好像燃烧出了一炷火焰。保罗·高更在1888年最后两个月里,成了文森特的客人。我们可以在他的描述中了解到凡·高对黄色发自肺腑的爱。在1894年的《自由艺

朗格卢瓦桥(1888年5月)
科隆,瓦尔拉夫·里夏茨博物馆

20世纪的朗格卢瓦桥

艺术人生——凡·高　105

术论文》杂志中，高更写道："他画中的黄色淹没了阳光、乡间农舍和整个卡马格平原。在"黄房子"里，黄色的背景映衬着太阳花紫红色的花蕊的轮廓；花茎躲在黄桌子上的一个黄色花瓶中。在画作一角有他的签名：文森特。还有金黄的阳光，透过我房间的黄色窗帘，照在了黄色的花朵上。我清晨醒来时可以感受到花的香气。对的，文森特这个老实的荷兰画家就是喜欢这黄色，太阳的光芒温暖了他曾迷失在恐怖阴霾中的灵魂。他需要这温暖。"

即使在户外画画，凡·高仍像文中说的一样，不停地练习。他向吹翻他画架、扬起沙尘的狂风挑战。不仅如此，为了晚上的室外工作，他还想出了一个巧妙且危险的办法：点燃蜡烛，放在帽檐和画架上。一些人认为这只是个传言，但是我们可以看出来，他的夜景画之前充满阴暗、沉闷的气息，现在却变得光明、璀璨，其中包括凡·高作于1888年9月的《深夜咖啡馆》和《罗纳河上的星夜》，这也是他引人注目的作品中的两幅。

深夜，星星像太阳一样，周围有着耀眼的光环，那种光像是宝石散发出来的。文森特看到的星星就是这样发光的。它们就像镶嵌在苍穹中的珠宝。"晚上

深夜咖啡馆
（1888年9月）
纽黑文，
耶鲁大学艺术画廊

深夜咖啡馆外部（1888年9月）
奥特洛，库勒-慕勒博物馆

我沿着荒凉的海滩散步,"文森特1888年6月在卡马尔格的桑泰斯-马里耶德拉-梅给提奥的信中写道,"在蓝色的海洋里(也就是夜空中),浅色的、绿色的、黄色的、白色的、浅粉色的星星闪烁着光芒,比我们在巴黎看到的那些珍贵的珠宝还要明亮,所以我们可以把它们称为:猫眼石、翡翠、青金石、红宝石和蓝宝石。"

他笔下的星星,对他来说是一个无法实现的梦想,一个死后想去的安息之处。"看着星星,我总会做梦。比如说,它们会让我想起地图册上代表着城市和村庄的小黑点。我问自己,为什么天空中这些明亮的小点点不能被理解为法国地图上的黑点?如果我们可以坐火车去塔

罗讷河上的星夜
(1888年9月)
巴黎,奥赛博物馆

拉斯孔或者鲁昂，那我们也能坐上死亡的列车，去往一颗星星。"一个月后他凭借着诗人般的想象力，在写给弟弟的信里总结了自己的观察。

凡·高用刷子把颜料平涂在画布上，塑造了一个广阔、和谐的画面。这种画面和那段"黄色之音"一起成为凡·高作品的标志，比如他在阿尔勒画的《阿尔勒的房间》的三个版本。这三个版本都很有名，第一个版本要追溯到1888年10月，另外两个版本都是后一年画的。艺术家是这样向弟弟描述在构思阶段的第一个版本的："我脑袋里冒出一个新的想法，给你看看我的草图。这次我要画我的卧室，用颜色来实现一切。通过其简洁性，颜色可以产生比其他事物宏伟的风格。卧室

阿尔勒公园开花的栗子树道
（1889年4月）

的颜色要暗示着休息，也就是暗示困意。总之一看到这些画，大脑就能休息，要是能激发想象力就更好了。墙壁是淡紫色的，地板是用红色的方形砖块铺的，床和椅子是浅黄油色的木头做的，床单和枕头是很浅的柠檬绿色，被子是猩红色，窗户是绿色，马桶是橙色，洗脸盆是蓝色，门是淡紫色。再没什么了——在这个百叶窗关着的房间里，再没什么了。家具的格局要强调'安静休息'这个理念。在对着门的墙上，我要放一面镜子，挂一条毛巾和一些衣服。"

阿尔勒的房间
（1888年10月）
阿姆斯特丹，
凡·高博物馆

阿尔勒的房间
（1889年9月）
芝加哥，芝加哥艺术学院

阿尔勒的房间
（1889年9月）
巴黎，奥赛博物馆

高更

高更于1848年6月7日在巴黎出生。父亲在全家刚踏上秘鲁的土地时就去世了。高更在外祖母的故乡秘鲁度过了童年。1855年,高更和母亲重返法国。十年后,作为水手的他再次启航,乘着一艘商轮去往南美,而后周游世界。再回到法国已经是1867年的事情了,因为那年他的母亲去世了。直到1871年,他才在巴黎定居并从事中介商的职业,还娶了一位丹麦姑娘,组建了家庭,后来又生了5个孩子。这时,他开始了绘画生涯。1879年,高更第一次参加印象派展览,在展会上结识了一些印象派画家。然而此时的他遭遇了一场财务危机,在1883年被迫放弃了画家这个职业。从这一刻起,他开始了悲惨、困顿的生活。与此同时,他的妻子带着孩子离开了他,搬到了哥本哈根。高更一直和妻子保持着书信往来,直到1897年他最爱的女儿艾琳去世。1886年,他首次前往蓬塔旺,和埃米尔·伯纳德一起创建了蓬塔旺学派。在这群艺术家中,高更是当之无愧的领导者。 还是在这一年,他在巴黎结识了文森特和提奥。之后他去了马提尼克,希望可以找机会扭转自己贫苦的人生,但他失败了。1887年,高更回到了巴黎。1888年,他又一次前往蓬塔旺。也就是在这一年,他去了"黄房子",与凡·高同住,度过了一段疯狂的时光。经历了很多不可思议的事情后,他又回到了巴黎,举办了一场印象主义和立体主义画派展览。后来,高更前往位于布列塔尼区的勒普尔迪,又在1891年前往大溪地。两年后,他回到巴黎,和一位黑白混血的女人同居。然后,他又一次回到了布列塔尼。在这段时间里,高更写下了著名的《诺阿诺阿——塔希提手记》。1895年,他再次向大溪地出发,开始在热带地区的长期居住,从此再也没

自画像:献给高更(1888年9月)
剑桥(马萨诸塞州),福格艺术博物馆

有回到欧洲。在这里，他满怀热情地投入到工作中，创作了众多让他名扬四方的作品。然而，贫穷和疾病仍然缠绕着他（他还染上过梅毒）。1897年，他尝试自杀，未果。

在这一时期，他还致力于维护土著居民的权利（他和一位当地女人生了一个孩子），为此还在日报上发表过一篇抨击天主教传教团所作所为的文章。

他奔走呼号，反对剥削当地居民。1901年，他又搬去了希瓦瓦岛。1903年5月8日，高更在这里逝世，享年55岁。高更是后印象派画家一个重要的代表，其作品饱含对原始艺术的热爱，率先展现了后来的立体主义和表现主义的兴趣点。他的画作尤其影响了纳比派画家，也对野兽派画家产生了不小的影响。

画向日葵的文森特·凡·高（1888）
保罗·高更
阿姆斯特丹，凡·高博物馆

艺术人生——凡·高

凡·高的椅子与烟斗（1888年12月）
伦敦，国家美术馆

高更的椅子｜空椅（1888年12月）
阿姆斯特丹，凡·高博物馆

  1888年10月是凡·高住在阿尔勒时特别重要的一个月，因为保罗·高更在这个月的23号来到了这里。凡·高曾多次邀请他来"黄房子"做客。因为他对于开办南方画室向往已久，并且认为高更是合办画室的理想伙伴。

  高更其实是被提奥说服，决定迈出这一步的。因为提奥帮他解决了困扰许久的经济和健康问题。提奥明确表示，如果高更愿意去阿尔勒与文森特同住，只要在自己的能力范围内，他愿意承担高更在搬家和在"黄房子"居住期间的费用（顺便说一句，这时的提奥得到了来自森伯伯的部分遗产，森伯伯于7月去世）。作为交换，高更寄了一些自己的画给他。提奥撮合了高更与哥哥之间的情谊，这不仅是为了让凡·高不那么孤独，也是一次商业上的投资。眼看朋友就要来了，凡·高在9月做了一系列准备。"昨天我布置了家，"9月10日他给弟弟写道："我给高更买了一张核桃木床，又给自己买了一张白木床，晚点我将开始画画。……为了邀请某人，这里将会有世界上最讨喜的小房间，我努力把它弄得漂亮些，就像女孩的闺房，很有艺术气息。我的卧房，我想把它做得特别简单，但要有方正而宽大的家具：床、椅子、桌子都要用白木做；第一层有一间工作室，还有一间既可以当工作室又可以当厨房的房间。……我打算在这个家的每个角都摆满画……我很想把它布置成一个艺术家的房子，但不是奢华的那种，什么值钱的东西都不会有。但所有的陈设，从椅子到桌子，都要有个性。"

在1903年《此前此后》里，高更如此描写第一天到阿尔勒的情景："晚上我才到阿尔勒，在一家夜间咖啡馆等待着黎明……不太早也不太晚的时候，我去叫醒了文森特。这一天，我收拾了一下，还同他聊了好久，我们一起散步，欣赏阿尔勒的美……第二天我们就开始作画了。"

虽说初期的同居生活愉快而作品多产，他们相互交换想法，辛勤工作，但之后两人的关系开始变得紧张，直至最后破裂。凡·高和高更之间的冲突来自他们性格的对立：凡·高思想焦虑又混乱，高更自我而细致。还是在《此前此后》中，高更写道，"我们两个，我和他，一个像是火山，另一个也在沸腾，但这都是内心活动；有一场冲突正在酝酿。我忽然觉得自己被无处不在的混乱吓到了：颜料盒刚刚能盛下所有被挤过的颜料管，盖子永远合不上。尽管这么乱，他的画作还是散发着光芒，就像他自己说的……在开始的那

轻步兵中尉保罗·尤金·米利耶肖像画
（1888年9月）
奥特洛，库勒-慕勒博物馆

画家启程去作画（1888年7月）
被毁

阿尔勒医院花园,凡·高多次在此医院接受治疗

几个月,我就知道我们的经济也会同样混乱。"

凡·高和高更的同居生活在1888年12月23日以悲剧收场。正如高更在《此前此后》中讲的,圣诞节前夕,文森特无缘无故地拿起剃刀攻向他,然后他就惊慌失措地跑了,在旅馆过了夜。与此同时,凡·高已经病入膏肓,把自己左耳割了下来,像包礼物似的包起来,送给了一个妓院的妓女。

阿尔勒医院庭院(1889年4月)
阿姆斯特丹,凡·高博物馆

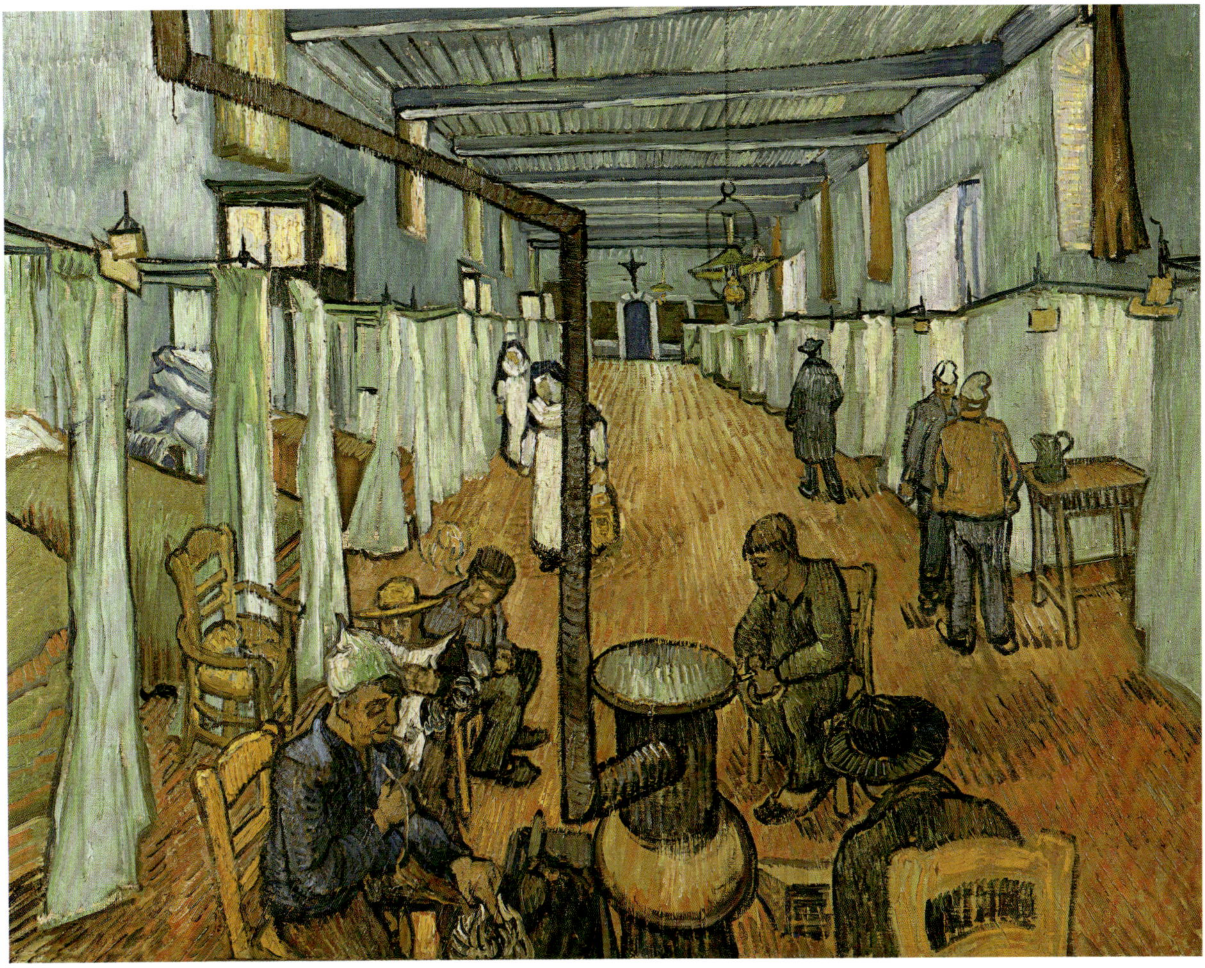

圣雷米医院的病房过道（1889 年 4 月）
温特图尔，奥斯卡·莱恩哈特博物馆

MAISON DE SANTÉ
DE
SAINT-RÉMY DE PROVENCE
(BOUCHES-DU-RHONE)

ÉTABLISSEMENT PRIVÉ
CONSACRÉ
AU TRAITEMENT DES ALIÉNÉS DES DEUX SEXES
Propriété de M. A. DE CHABRAND
PETIT-FILS DU DOCTEUR MERCURIN, SON FONDATEUR

PARIS
VICTOR MASSON ET FILS
Place de l'École de Médecine
M DCCC LXVI

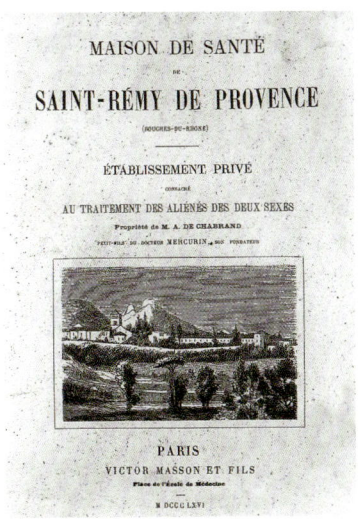

圣雷米医院的插图小册子（1866）
阿姆斯特丹，凡·高博物馆

圣雷米医院的花园
（1889 年 12 月）
阿姆斯特丹，凡·高博物馆

绿色葡萄园（1888 年夏天）
奥特洛，库勒－慕勒博物馆

开花的桃树（1888年4—5月）
阿姆斯特丹，凡·高博物馆

向日葵

凡·高有一系列以《向日葵》命名的油画，我们可以把这些作品定义为"黄色主题变奏曲"。凡·高笔下的天蓝色和黄色代表南方：它们构成了互补色的经典碰撞，深深地触动了他。"天穹的蓝色令人心醉，太阳散发着浅硫黄色的光芒。在维米尔的画里，黄色和天蓝色的结合甜美无比，沁人心脾。我画不出如此美丽的作品。"他在到阿尔勒的前几个月里给提奥的信中写道。而在另一封信里，他则确定自己在普罗旺斯找到了那段"黄色

瓶中十二朵向日葵（1888 年 8 月）
慕尼黑，慕尼黑新画廊

瓶中三朵向日葵（1888 年 8 月）

瓶中十五朵向日葵（1888 年 8 月）
阿姆斯特丹，凡·高博物馆

之音"。虽然凡·高笔下有不计其数的色调,但我们还是在干草扎里,在他居住的房子里,在向日葵里,找到了这抹黄色。而正是向日葵成为那一系列著名油画的主题。据文森特回忆,"那些画最受高更喜欢"。在阿姆斯特丹的凡·高博物馆中保存着高更的一幅画,画的是凡·高认真描绘茂盛的黄色花冠的场景(见113页图)。

瓶中十五朵向日葵
(1888年8月)
伦敦,国家美术馆

艺术人生——凡·高

高更的版本

"在我于阿尔勒逗留的最后几天，"高更写道，"文森特变得非常粗暴，精神错乱，然后沉默不语。一个晚上，我醒来发现文森特正靠近我的床。发生了什么？那次我只是严肃地问他：'文森特，你干什么呢？'因为他一个字都没有说就回床上睡觉了，而且睡得很沉。当他画自己特别喜欢的静物——向日葵的时候，我曾有过给他画一幅肖像的想法。画完之后，他说：'这确实是我，但这是已经疯了的我。'那天晚上我们去了咖啡厅。他点了一杯低度苦艾酒。然后他突然把盛着酒的杯子扔向我的脸。我避开后用胳膊夹着他往咖啡厅外走，穿过雨果广场。几分钟后文森特就躺在了他的床上，不一会儿就睡着了，一直睡到第二天早上。醒来后，他特别平静地告诉我：'亲爱的高更，我模糊地记得我昨晚冒犯到您了。''我真心原谅您，但昨晚那一幕可能还会发生。如果您的酒杯打中了我，我可能没办法原谅您，并且没办法控制自己掐死您。所以，请允许我给您的弟弟写信，告诉他我要回去了。'天哪，我这一天过的！晚上我随便吃了点饭，觉得有必要一个人走走，闻闻空气中月桂花的香味。我几乎把整个雨果广场都转遍了，这时听到身后传来了熟悉而短促的脚步声，又快又赶。在我转身的那一刻，文森特正冲我张开手，想向我扔一把剃刀。我的眼神在那一刻应该有足够的威慑力，因为他停了下来。他垂着脑袋，向家的方向跑去。……过了一会儿，我在阿尔勒一个还不错的旅馆询问了时间，开了个房间睡觉去了。我当时心里很不好受，凌晨三点多才睡着。我醒得挺晚的，差不多都七点半了。到了广场，我看到一大群人聚在一起。广场附近有一队宪兵，其中一位戴着圆顶硬礼帽的小个子男人是警察局长。事情是这样的：凡·高回家后，马上就把自己的一只耳朵割了下来。他需要立即止血，于是第二天有一大堆破湿布散落在一层两个房间的地板上。血弄脏了这两个房间和通向卧室的小台阶。当他能走出来的时候，头上戴了个挺合适的帽子，他走向了一家妓院。由于没有女伴，他在那里找到一个妓女。据说是她帮他清理并且包扎了耳朵。他说：'这是我的留念。'然后他就逃回家，上床睡着了。不过，他还关上了百叶窗，在窗前的桌子上点了一支蜡烛。"

耳朵缠着绷带、叼着烟斗的自画像
（1889年1—2月）

这是在事情过去几年后高更的讲述。实际上这是唯一一份讲述了事情起末的资料。其实还有另一个消息来源：一家当地报纸《共和论坛》在事发后的星期天刊登了这件事，但只在"耳朵"上做了文章。"上个周末晚上十一点半，一个叫文森特·凡·高的男人（原文），一位荷兰籍画家，光顾了头号妓院，他点了一位姑娘，把自己的耳朵交给了她，说：'像珍爱宝贝似的珍爱它吧。'然后他就消失了。只有一种可能，那就是他是一个可怜的疯子。次日早上得知这一消息后，警察去了这个男人的家，发现他平躺在床上，几乎没有生命迹象。这个可怜人立即被送往了医院。

Chronique locale

— Dimanche dernier, à 11 heures 1|2 du soir, le nommé Vincent Vaugogh, peintre, originaire de Hollande, s'est présenté à la maison de tolérance n° 1, a demandé la nommée Rachel, et lui remis.... son oreille en lui disant : « Gardez cet objet précieusement. » Puis il a disparu. Informée de ce fait qui ne pouvait être que celui d'un pauvre aliéné, la police s'est rendue le lendemain matin chez cet individu qu'elle a trouvé couché dans son lit, ne donnant presque plus signe de vie.

Ce malheureux a été admis d'urgence à l'hospice.

凡·高割耳事件的见闻
（1888年12月30日）
《共和论坛》上的文章

其实，这两个证据都不足以再现那晚发生的事。许多疑问仍然没有答案，从引发这次危机的原因，到文森特自残的原因，再到送给那个妓女耳朵的原因，（也许凡·高在阿尔勒目睹过斗牛，他想效仿斗牛士，为了心上人的美丽而献上自己割下的耳朵？）还有其他一些细节存在疑问。此外，我们不能把高更的叙述作为衡量一切的标杆，仔细分析一下，里面有很多不准确、矛盾和夸张的地方。甚至，有些人认为文森特根本没有割下耳朵，而是碰上了意外。凡·高和高更可能在一次激烈的争吵后打架了，在某一刻刀尖断了，或者在两人打斗时，凡·高为了抢一把剃刀而受伤了。

凡·高的说法是他完全不记得当时发生了什么。从他后来给高更和提奥的信件来判断，他并没有怨恨高更。而高更在出事的第二天就回巴黎了，甚至都没去凡·高所在的医院探望他。文森特甚至在1889年1月28日写给弟弟的信里宣称："那个挺不错的高更与我在内心深处相互理解，如果说我们都有点发疯的话。"

凡·高留下了两张耳朵上包有绷带的自画像，一张在芝加哥被私人收藏,另一张保存在伦敦的考陶德艺术学院。在这些画里,包着绷带的耳朵是右边那只,而不是左边的。解释这个现象很简单:这些画是借助镜子完成的,所以反映在画布上的图像是左右颠倒的。

最后一件有趣的事:在扔掉凡·高割下的耳朵前,警察曾把它泡在酒精瓶里保存了几个月,以便日后取证。

耳朵缠着绷带的自画像(1889年1月)
伦敦,考陶德艺术学院画廊

南方的画家们

凡·高从低地之国荷兰到法国南部的旅程中，作品色调越来越鲜艳，也可能是因为这次搬家，才导致这一变化。文森特的早期作品，比如作于1885年的《吃土豆的人》中，色调是灰暗、阴沉的。之后在巴黎，他受印象派风格影响，创作了如《克里希大道》这样的作品。从平铺的纯色到小笔触，再到鲜艳、明亮的色调，从城市景观到印象主义，这些作品无一不透露出印象派的特点。在这条"光之路"上，阿尔勒这一站标志着明艳色调的顶峰。这里的色调不再仅仅以印象派的视觉数据为基础，而是成了作品中具有表达力的一部分，画作的颜色也变得越来越有个性。其中，主色就是"黄色之音"，凡·高本人也在信里提到过。这抹黄色就是他油画作品中成熟的麦子色，也是《向日葵》系列作品中的花色，同时还是闪烁光芒的"夜空太阳"的颜色，比如《星月夜》里天空的颜色。在法国南部居住时，保罗·高更作为凡·高的客人，曾在著名的"黄色之家"工作了一段时间。后来高更"逃离文明"，前往充满纯净、异域之风的大溪地。

作为象征主义的先驱，高更拥有许多追随者，其中就有拒绝印象

圣维克多山（1888—1889）
皮埃尔·奥古斯特·雷诺阿
纽黑文，耶鲁大学美术馆

圣特罗佩的雷阵雨（1895）
保罗·西涅克
圣特罗佩，领报博物馆

主义的纳比派画家。比如伯纳德,他将选择在地中海沿岸的勒卡内工作和生活。

19世纪和20世纪的20年间,也有许多艺术家被法国南部城市吸引。在出生地普罗旺斯,保罗·塞尚创作出的创新风景画,被巴勃罗·毕加索(《木之路》)和乔治·布拉克(《艾斯塔克湾的风景》系列)所仰望、模仿。而克劳德·莫奈则前往蓝色海岸。皮埃尔·奥古斯特·雷诺阿与莫奈同行,他最终定居在尼斯附近的滨海卡涅,开始了包含地中海明亮色彩的后期创作。在圣特罗佩,保罗·西涅克——修拉曾经的合作者——开始传播新印象主义。他的追随者之一马蒂斯以科利乌尔为背景,创作出野兽派第一批作品。这些作品颜色鲜艳,色调对比强烈,有着完整的,没有影子的光,促进了现代绘画的发展。

普罗旺斯的丘陵(1880)
保罗·塞尚
加的夫,威尔士国家博物馆

在莱斯塔克高架桥 | 乐博莱斯塔克商业长廊(1907)
乔治·布拉克
明尼阿波利斯,明尼阿波利斯艺术学院

1889 / 精神错乱

生存的窘迫

在1888年12月23日发生的那场悲剧中，凡·高用剃刀割下了耳朵，他被第一次发作的精神失常击垮了。这一幕来得突然，但也不是没有征兆。文森特表现的不安，源于内心深处自我积攒了多年的所有毒素。他性格中不安的迹象，实际上从他过去濒临异常边缘的举止中都有迹可循，从他在博里纳日做牧师时从事宗教职业的盲目，到失败的爱情经历特有的狂热。其实早在1877年，凡·高就对弟弟说，自己内心的苦恼来自于"我活在沮丧之中，之后做的每件事都是失败的，我活该承受这一股脑儿的责备"。这是他从多德雷赫特寄来的一封信中提到的。在多德雷赫特这座荷兰小城市的一家书店里，凡·高找到了一份工作，当时他经历了被古皮尔公司解雇和令他失望的布道工作。同样的，在这件标志着那年

圣诞节前夕的事情发生之前，凡·高在给提奥写的信里反复流露出一些迹象，暗示着他内心深处的困窘，暗示着一种格格不入的感觉，一种失败的感觉，以及无法融入环境的痛苦——有一张意味深长的画，让人很容易就联想到一个身心处于抑郁危机中的人。

不久之后，还是在1877年，他觉得有必要找提奥诉苦，"我被你的一句话触动了：'我想远离这一切，这是我的错，因此不能把伤害带给别人。我知道这是我的错，我是让别人感到痛苦的原因。'这句话之所以会打动我，是因为它丝毫不差地道出了我的感受，那就是负罪感，它让我的良心受到谴责。当我回想过去时，我能感受到它；当我展望未来时，它又催生了很多不可逾越的困难和繁重的工作。我不喜欢负罪感，我最懦弱的一面想要抵抗它。当想到跟随我的很多人将会知道我为什么不成功，我也会有负罪感。

因为他们不会像别人一样指责我……但他们脸上的表情会告诉我，'我们帮助了你，引导了你，我们已经做了一切可以为你做的，你是真的想成功吗？我们的奖励是什么？我们工作的成果又是什么？'"

由于在经济上对提奥的依赖，文森特的负罪感注定会与日俱增，并会陪伴他的一生。一切的一切都流露在字里行间。缺乏他人的关爱和器重，无法拥有稳定的关系，这些事情都只会让他的处境继续恶化。"像其他人一样，我感觉我也需要家庭、友谊、关怀、跟周围人亲切的关系；我不是一个用石头做成的消火栓，也不是一盏用铁做成的路灯，所以我不能这么活着。除了沉重的空虚感外，我一无所有。"他在1879年写于瓦姆的信中写道，那时他每天都在向矿工传教。

在其他信中，凡·高意识到了自己的异样，因为大家把他当作了罪犯，因而激怒了他。"我是一个感情冲动的人，多多少少会做一些鲁莽的事情，但不久之后我就会后悔。我有时说话、做事太快，要是耐心点就好了。但我觉得别人也会做出这种冒失的事情来。话虽如此，那要怎么做呢，要把他当成一个危险的人，认为他什么事都胜任不了吗？"1880年在蒙斯的一封信中他这样写道，这一年是他生命中的拐点。1882年，他又在信中向提奥写道："在大多数人眼中，我究竟是怎样的呢？我什么都不是，我是一个异类，一个让人厌恶的人；一个现在没有，将来也不会有社会地位的人；简单来说我就是劣质品里的劣质品。好吧，就算这是真的，我也一直想在我的作品中表现出这个怪人，表现出我这个一文不值的人的内心世界。"

同年，文森特在信中流露出了自杀的倾向，表姐琪没有接受他的爱，她的拒绝让文森特心碎，他回忆起这件事时强烈地谴责自己，"我当时的惆怅不可言喻，永远无法用语言来表达。我记得当时自己无数次地想到米勒神父的一句强硬而有力的话：'自杀是羞耻者的一种行为。'米勒神父就像是我的父亲。在我体内，无法言喻的空虚和痛苦让我一直思考，没错，我理解那些寻短见的人。但我远远没到追寻他们的地步。我在米勒神父那句话中找到了力量，认为只要鼓舞自己，并且把工作当作治疗方法，情况可能就会好很多。"

凡·高还表现出了对自己的贬低，不断增加的挫败感既来自工作中巨大的痛苦，也来自永远都卖不出去的画作。"在刚开始做画家的那段时间，"1883

年他在一封信里写道:"我不知不觉地就把生活变得特别艰难。我感觉自己胜任不了这份工作,甚至怀疑是不是永远都胜任不了。我有强烈的愿望去进步,但我缺乏自信,又无法抑制内心的冲动,那就快点做吧……这份工作带给我一种躁动的感觉,让我觉得很憋闷,就像是夏天的暴风雨前夕……有时候,我认为可以一辈子这么痛苦地画下去,但也不能总像刚开始时那样收效甚微……只有当认识我的那些人,理所应当地把我当成一个失败者的时候,我才觉得自己更加老迈,如果事情没有好转的话,我真的会这么觉得;当我想到事情可能会失败时,我会感到强烈的沮丧和低落,就像自己已经失败了。"而且在1888年10月,在那件无法挽回的事发生前的两个月,他还写道:"我们或许只希望,画画对我来说变得不那么难了。作品的数量永远没有尽头。是我的画卖不出去这件事给我造成了这些焦虑和痛苦。"

另外,凡·高的精神困扰是日积月累形成的(实际上,不幸的家庭生活让他从幼年时期就开始遭受到了精神上的困扰)。随着时间的推移,每况愈下的状况促使了他心理疾病的发作。从1883年与熙恩分开之后(决定分手前他说过,"我决定坚持抵制除我的工作之外的一切。"),在情感层面上他一直处于隔离状态。笼统地说,他的困扰是在人性层面上。"其实除你之外,我没有真正的朋友。我总在情绪低落的时候想到你。"他在1883年给弟弟这样写道。然而在1884年他又写道:"我有可能变得完全与世隔绝,但也不一定,只要生活对我还有可能,让我能承受得起,我就会很开心。但我要告诉你,我不认为这是我应得的命运,因为归根结底,我没这么想过,将来也不会这么想,这样的想法会让我失去感知他人的能力。"1888年7月,他又写道:"……但我是孤独的,我不能指望自己什么时候能活过来,所以我只能让那些古怪的想法随风而逝。"

除此之外,他还面临着各种各样的物质问题,生活水平非常低,经常忍饥挨饿。"我猛地感觉到,攒在一起的所有烦恼让我窒息,忽然觉得对我来说这太沉重了,因为我再也无法抱着从容的心态展望未来了。"这些话也写在了1883年的信中。再就是在经济上对弟弟的依靠让他感觉自己没什么用,死亡的想法便随之而来。他在同一封信中写道:"我觉得很抱歉。我很遗憾当时没有病死在博里纳日,那样的话我现在就不会投身于绘画，也就不会成为你的负担了。"1883年，他又写道："我真的非常抱歉，成了你的负担……如果你无法承受这种负担，那就跟我说清楚。我宁愿放弃一切，也不愿去压榨一个负担沉重的弟弟。"

最后，另一个让他遭受精神问题的原因是"家庭遗传"：其实他的妹妹威廉明娜在精神病院度过了近40年，直到1941年死在了那里，最小的弟弟科尔也在1900年自杀了。

但凡·高究竟得了什么病，如何给他只爆发过一次的疯狂命名呢？没有任何临床检查，只有他自己和曾经照顾过他的医生、朋友们的证词。他的病很难诊断，但也不是没有可能。在两家收留过他的医院——分别位于阿尔勒和圣雷米——文森特被诊断为惊厥性癫痫。在给妹妹威廉明娜的信中，他说起了自己危险的状况："我当时完全不知道自己在说什么，想什么，做什么……我尽量不去想这些，所以记得的就这么点了。"这些症状与他"无法忍受的幻觉病"有关，包括视觉和听觉上的幻觉，而且从未有人确诊过他的惊厥。正是由于这个原因，之后有人认为凡·高患有间断性癫痫。至于这是遗传性的还是诱发性的，或许我们可以认为两者都有。

所以，他的癫痫之所以发作，最有可能的原因是喝了太多苦艾酒。文森特可能酗酒，甚至对苦艾酒产生了依赖。

在今天看来，这种饮料是一种十足的毒品。19世纪下半叶，苦艾酒的消费在法国达到了顶峰，尤其在艺术家之中——无论是画家还是作家——"绿色仙景"都备受欢迎。图卢兹·罗特列克、高更、莫蒂里

苦艾酒（1876）
埃德加·德加
巴黎，奥赛博物馆

安尼和杜米埃都是苦艾酒的忠实爱好者,马奈和德加甚至画了一些以苦艾酒为主题的作品;同样的,许多作家也是苦艾酒的忠实消费者,其中最出名的是波德莱尔。

在阿尔勒,凡·高还是像在巴黎一样,狂饮苦艾酒。好像他到阿尔勒还没过一个星期,就有人因为"过量"饮用"绿色仙景"而发狂住院。如我们所说,苦艾酒会导致扭曲的颜色认知,也就是色盲。有人想把"凡·高黄"就是那种他在阿尔勒时期的作品特有的阳光般明亮的色调,归因于这种视觉缺陷,此外我们发现,苦艾酒的滥用会引发挑衅、粗鲁和暴力冲动。据一些人猜想,割耳事件能够说明,凡·高突发的自残和由于太过敏感而导致的幻听之间有关系。不仅如此,这种暴力冲动还激起了他与自身的对立,致使他在1890年7月冲动自杀,结束了自己的生命。后经证实,对苦艾酒成瘾的人完全不知道自己在做什么,都变得焦躁而易怒。

除了癫痫诊断和与之相关的解释之外,还有许多用来解释他所遭受的苦恼的其他说法逐渐成形,比如说精神分裂及其一系列症状,都和癫痫与精神分裂有关。而且人们认为他还患有一些器质性病变,比如青光眼,这样就可以解释他画里绕着灯的光晕,或者是美尼尔氏综合征,这种病所导致的眩晕会引起耳内噪音。人们还想过其他触发性因素,比如洋地黄中毒。

文森特·凡·高在一杯苦艾酒前(1887)
亨利·德·图卢兹·罗特列克
阿姆斯特丹,市立博物馆

艺术人生——凡·高

文学界对凡·高的疾病的研究

20世纪上半叶，两位杰出作家对凡·高的疾病表达了自己的看法。

第一位是德国斯特林堡的哲学家和精神病学家雅斯贝尔斯。在1922年出版的《斯特林堡和凡·高》中，他认为斯特林堡和凡·高都患有同一种精神疾病——精神分裂症（详见下篇补充阅读）。凡·高的不同之处在于，精神分裂症的假设似乎与他表现出的症状相矛盾，他并没有神智昏迷的毛病。他所遭受的是抑郁，是幻觉，是巨大的压力。

第二位是法国作家安托南·阿尔托。1947年，他在《被社会自杀的人》这篇文章中描写了凡·高精神错乱的问题。当时他已经在一家精神病医院住了三年。他把自己带入了这位不幸的荷兰艺术家的形象里，借此机会反对一直延续到现今的精神病治疗制度，进而反对社会。因此在他笔下，凡·高不是一个疯子，只是因为"痛苦"而"迷茫"。其实他懂得探究人性，没人像他一样有着如此浓烈的"对生命的渴望"。"对生命的渴望"后来被选作一部小说的名字（后改编成电影，更多地被译为《欲海浮生》），这并非偶然，它的灵感来源于这位在现实中郁郁不得志的艺术家的一生。阿尔托在他的小册子里写了一段激情洋溢的话："凡·高是个疯子？如果要让一个知道如何观察人像的人去看凡·高的自画像，我选择让他看凡·高戴着毡帽的那张。凡·高创作这幅画时格外清醒，用一张屠夫般的面孔，审视并打量着我们，怒目注视着我们。我知道，没有一个精神病专家会懂得如何用这样无法抗拒的力量，仔细注视一个人的面孔，像一把小刀一样剖析其不可否认的心理。……凡·高的目光悬在那里，狰狞着，眼球陷在松弛的眼眶里，眉毛稀疏，没有一丝皱纹。那是一种渗透的、洞穿的注视，在一张粗糙的、如一棵方形树木的脸上劈砍。但凡·高选择了瞳孔即将溢入空无的时刻，空无中的这一瞥，如一块炸裂般的陨石投向我们，染上了填满它的空虚和惰性的无调的色彩……而凡·高是对的，一个人只能为无限而活,并且,只能满足于无限的事物;在大地和星球上,无限的事物足以满足一千个伟大的天才,如果凡·高无法满足让生命充满无限的事物这个欲望,那只是因为社会禁止了它,断然地、有意识地禁止了它。终有一天人们告诉他:现在,够了,凡·高,安息吧,我们厌倦了你这样的天才,至于无限,无限属于我们。因为让凡·高死去的不是他对无限的寻找……而是因为他看到了,所有那些在他活着的时候阻止他获得无限的乌合之众,他们拒绝把无限给他……此外,一个人不是孤独地自杀。一个人不是孤独地诞生。一个人也不是孤独地死亡。但,自杀的时候,为了迫使身体做出剥夺自身生命的非自然举动,需要一支邪恶势力的军队。"(引自安托南·阿尔托《被社会自杀的人》)

精神病人肖像画(1889)
阿姆斯特丹,凡·高博物馆

艺术与疯狂

对于凡·高来说，艺术的确是灵魂深处的表达，是完全凌驾于生活之上不可遏制的冲动。尽管可以在画家悲惨的人生中找到这幅作品具体的参照点，我们也无法解释清楚他为何要如此作画。我们不难察觉，这幅画有着与浪漫主义文学作品相同的地方。在这一共同点的基础上，作者获得灵感，表达艺术感情，而这一共同点就是精神异常。通常情况下，精神异常会导致某种疾病。凡·高的社会边缘感本就越来越严重，而在资本主义盛行的时代，他又感到了一种与日俱增的文化边缘感。

不难发现，这牵扯到一个史实：在19世纪大背景下，资产阶级想要找到一种文化形象、一种文化活动，用来遮盖，至少部分地掩饰他们古怪的本质，让他们在社会上少受抨击。

为了证实这一点，我们需要回想一下，凡·高前两次住院后（只有第二次是因为精神原因住院），是警察为了执行当地居民的请愿书，强制他住进精神病院的。而凡·高之前一直努力获得他们的器重，至少是尊重，但是最终也没能成功。

铺垫好这些前提条件后，我们再来分析一下画家的精神问题和艺术创作的关系。毋庸置疑，这一关系是解读这位荷兰画家作品的有效方法。1889年3月被阿尔勒医院送出来以后，凡·高在当年5月初自愿去往离普罗旺斯圣雷米不远的莫索尔圣保罗修道院里的精神病院接受治疗。1889年5月25日他在给弟弟的信中这样说道："我敢说，一旦我们意识到自己的状况，意识到自己在危险中的状态，我们就能为自己做点什么了，至少不会让自己被焦虑和惊恐缠身。"同年10月，他又写道："发病时很可怕，我什么也不知道。但这可以把我推到工作上，推到各种严肃的事上，比如煤炭工人始终处于危险中，所以就尽快做完手头的工作。"

这一"尽快"既对应他的创作热情，也对应他作品中与日俱增的表现力。从这以后，凡·高进入了艺术创作中最具幻想力的阶段，作品与之前大有不同。

画作中重复出现的怪异图形，

加之奇特、浓烈的色彩，在画布上所构成的形状体现了精确的辨识度，但我们也可以从中窥察到凡·高亟须表达的情感，以至于他把绘画当成了一台极其敏感的地震仪，用作品表达他那狂躁的灵魂，以及遏制不住的精神错乱。

雅斯贝尔斯在1922年写的杂文里，就印证了凡·高的疾病和他的艺术创作是有关联的。他意识到，凡·高的精神错乱并不是由于最初诊断出的羊痫疯导致的，而是有着精神分裂症的迹象。所谓精神分裂症，是一种以人格分裂为特点的严重精神疾病。然而，与羊痫疯不同，精神分裂症是可以与凡·高一直保持的敏锐感觉同时存在。雅斯贝尔斯写道："精神分裂症不是生来就有的。少数的精神分裂症患者的人格和天赋先于疾病而存在，只是没能战胜疾病，比如荷尔德林和凡·高。在这种人格下，当患者想要挖掘深层次的灵魂时，精神分裂症可能就会出现。"

自画像（1889年9月）
奥斯陆，国家美术馆

1889—1890 / 尾声

圣雷米医院的治疗

把割下的耳朵给了妓女之后,文森特回家躺在床上。第二天清早,好友鲁林发现他昏倒在血泊之中。警察也来了,急忙把他送入阿尔勒最大的医院。高更回巴黎后给提奥发了份电报告诉他这件事,提奥收到电报后立刻去看望文森特。文森特的状态非常不好,还没有恢复意识。提奥在圣诞节晚上陪着他,但很快他就要走,所以拜托了三个他信任的人:艾蒂安·约瑟夫·鲁林、弗雷德里克·塞勒斯牧师和医院的主治医师让-费利克斯·雷伊。在朋友和医生的亲切关怀下,文森特的病情并没有像预想的那么糟糕,反而几天就康复回家了,但是一些新问题迫使他又住院了。与此同时,他精神的异样使阿尔勒的居民开始感到恐慌,直到1889年3月,30位市民签了一份请愿书,要求"红疯子"离开这座城市,结果凡·高无数次被拘禁,并且在警察的要求下关闭了"黄房子"。这些措施遭到了与其亲近者的反对,塞勒斯牧师写信给提奥说:"决定把一个没对任何人造成伤害,一个举手投足都充满爱的人关起来,是一种残忍的行为,他又不是无可救药了。"

文森特悲恸欲绝地在3月19日

圣雷米圣保罗医院看护塔彪克肖像画(1889年9月)
索洛图恩,索洛图恩艺术博物馆

给弟弟写信道:"他们用铁锁和门闩把我关在牢房里,就这样,我被关了很久。他们没有证据,根本没有证据证明我的错……当我看着这些可耻的人不遗余力地欺负一个病得很重的人时,你能明白我受了一个多么沉重的打击吧!……他们给市长递交了一份请愿书……不管怎么说,就算我真的伤害到了我自己,可是我没有伤害别人啊。"3月底他又写道:"无论我是画画、吃饭,还是在我睡觉或者去妓院时(因为我没有妻子),从来没人关心过我,但他们偏偏要管这件闲事。"

反复发病的困扰,使凡·高心绪不宁,他决定尽量求医治疗。1889年5月8日,他主动住进了位于普罗旺斯圣雷米的莫索尔圣保罗修道院里的精神病院。文森特由佩龙医生负责,享有一定的自由,还有一位看护工陪着他在室外作画。在这里诞生的杰作有:《星月夜》

圣雷米铺路工
(1889年11月)
华盛顿,
菲利普斯收藏

星空下的柏树小路（1890年5月）
奥特洛，库勒 – 慕勒博物馆

橄榄树与阿尔皮伊山（1889年6月）
纽约，现代艺术博物馆

麦田与柏树（1889年6月末）
纽约，大都会艺术博物馆

《橄榄树与阿尔皮伊山》《星空下的柏树小路》，就像人们提到的那样，这一系列作品以极富张力为特点，这与凡·高浓烈的情感有直接的关系。他的情感对应着画布上疯狂使用的旋涡、波浪线条和动态线条。在这些画中，长有歪斜树枝的柏树和橄榄树好似死亡的预示般，而从这些画作中，我们又可以感受到凡·高画中的象征主义色彩。这是一种风格奇特的象征主义，凡·高完全参与进画作中，像往常一样分不清绘画和生活，陷入矛盾中。其实，凡·高的画并不是完全意义上的象征主义。无论是夏凡纳、莫罗、雷东、高更还是纳比派画家，真正的象征主义都是从文学和哲学中汲取营养，放眼于梦境、神秘、魔力，逃往异域。但是凡·高采取的方法是裸露自己的灵魂，强调存在主义。正因如此，凡·高的遗产才会对20世纪初表现主义绘画产生特殊的影响。

由于文森特情绪交替变化，在圣雷米的生活跌宕起伏，在最严重的一次发作里，他甚至吞食了颜料。在提奥的帮助下，文森特在1889年9月参加了巴黎的独立艺术家沙龙。1890年的1月，他在第八届布鲁塞尔"二十人社团"展览中展出了自己的作品。

柏树（1889年6月）
纽约，大都会艺术博物馆

黄色天空太阳下的橄榄树（1889年1月）
明尼阿波利斯，明尼阿波利斯美术馆

风景与在月光下散步的情侣
（1890年）
圣保罗，圣保罗艺术博物馆

圣雷米之山（1889 年 7 月）
纽约，所罗门·R.古根海姆博物馆

在这个展览上，凡·高在阿尔勒认识的年轻画家尤金·博赫的姐姐，她以400法郎买了《红色葡萄园》，这是凡·高生前唯一卖出去的作品。

3月，在巴黎新一届独立艺术家沙龙中，莫奈赞赏了他的作品。此时他的病情越来越严重，发作得越来越频繁，而且每次持续的时间也越来越长。"如果发作得再严重点，疾病就会一次性地摧毁我画画的能力。"1889年9月，他忧心忡忡给提奥写道。文森特害怕失去唯一一件他还在继续做并且能带给他快乐的事。他这般咬紧牙关不惜一切地往前走，让人心生怜悯。"生命流逝，时光不复，但我坚持着我的工作。"他在信中写道。他肯定是想要康复起来的，或者说他至少想感觉好受点，所以竭尽全力地抓住一线希望。"在发病时，我因痛苦和磨难而懦弱……也许这种懦弱是精神上的，在此之前我从没想过要好起

红色葡萄园
（1888年11月）
莫斯科，
普希金博物馆

来,但是现在这个愿望可以让我一个人能吃得下两人份的饭,让我特别勤奋地工作。我还减少了与其他病人的接触,生怕自己会再次陷进去。总之,我现在试着让自己康复起来,就像一个想要自杀的人发现水太冰了,试着重新上岸一样。"他在后几行这样写道。因此,他开始想着离他所需要的弟弟近点,尤其是在圣雷米医院的那些日子,他甚至觉得别人对自己有害。"总之,不能生活在这种环境里,睡大街都比住在这里好……对,要结束在这的生活,我不能既要工作又要处理一大堆麻烦事。就是因为生活在这儿些奇奇怪怪的病人中间,我才会有这么多麻烦。"他在这封信里重申。

圣雷米医院花园的树木
(1889 年 10 月)
洛杉矶,阿曼德·哈默艺术博物馆

圣雷米医院的窗户(1889)
阿姆斯特丹,凡·高博物馆

圣雷米医院的走廊（1889 年 10 月）
纽约，大都会艺术博物馆

凡·高画作的市场

在19世纪的后几十年，凡·高的画作在市场上的表现就像大多数画家一样，甚至远远不如别人。印象派艺术家，以及不属于沙龙团体或者学院派画家的作品，在市场上进不了大众订单的圈子。在那个年代，尤其在巴黎，获得成功并不需要具有特殊的天赋，只需尊重规则，服从主流学院派原则。而学院派特别看重绘画的主题，而不是艺术品的内在价值。谁要是不遵守这一系列规则，谁就得出局。

被沙龙展排除在外的蒙马特艺术家们，不得不依靠商人和投机者来打造一个自由艺术品交易的市场体系。这些画家作品的第一批买家并不在官方的圈子里，他们大多数是商人、银行职员或某方面的专业人士，比如医生，就像加歇医生，他是无数印象派画家的朋友，并且作为医生和朋友见证了凡·高生命的最后时光。

这样的事在19世纪后几十年的巴黎是很常见的，一些商店和小餐馆的墙上悬挂着"叛逆"艺术家的画：这些生意人出手大方，接受艺术家用油画和素描来支付那些躲不掉的账单，从没想过要对这些画做出美学式商业价值评估。这样一来，他们自己也成了艺术品商人。可以想象，在黑市里，艺术品的价格要远远低于古皮尔那种艺术画廊所出的价格。

在这些临时的商人中，确切地说，在这些被迫成为画商的人中，留在凡·高记忆中的有糕点厨师尤金·穆勒和之前提到过的佩尔·唐吉（唐吉老爹）——那个颜料店的老板。其实他之前是个公证人，叫安布鲁瓦兹·沃拉德，是最先懂得新型艺术家作品巨大价值的人之一。在提奥·凡·高去世后，一小部分带有凡·高和高更签名的画留给了他，其他大部分都留给了布索特 - 法拉东公司。

之前已经提到过凡·高一生中唯一卖出去的画作《红色葡萄园》，1890年初由画家尤金·博赫的姐姐安妮·博赫用400法郎购得。然而到20世纪下半叶，尤其是在80年代末到90年代初，这位荷兰艺术家的作品已然价值连城。

在1987年，凡·高于1889年5月在圣雷米创作的《鸢尾花》由苏富比拍卖行在纽约拍卖，引起轰动。在此之前没有任何一幅当代画作拍出这样的价格——5390万美元。两年后不到三年，一位日本大亨在1990年5月以8250万美元的价格买进了《加歇医生》中的一幅（第二天，他又以7700万的价格将雷诺阿《煎饼磨坊的舞会》收入囊中）。达到了这样的交易额后，不知为何他的画稍稍贬值了一些。1998年9月，佳士得在纽约以7150万美元的价格，几乎悄无声息地拍卖了凡·高在1889年画的《没有胡子的自画像》（令人费解的是，这幅画的估价没有超过250万美元）。

鉴于凡·高作品所达到的价格，流传着两段苦涩而又意味深长的话，其中一段摘自文森特给提奥的一封信（1889年），另一段是提奥写给妻子乔安娜的（1889年2月9日到10日）。文森特写道："艺术品交易的惯例是只有当画家去世了价格才能涨上去，现在仍旧如此。"他还补充道："人们口中最高的价格，付给了那些已经去世的画家，活着是不会被开出高价的，这是一种郁金香效应①。对画家来说，活着弊大于利。"而提奥谈到文森特时也说："他的努力不会白费，但是他可能在有生之年看不到成果了。当人们懂得他画中在表达什么的时候，那就太迟了！他是前卫的画家之一，很难被读懂。我如此了解他，但是我仍然觉得他的画很难懂。他的思想在一个特别广阔的田野里翱翔，观察着什么是人性，考虑着该如何看待这个世界。一个人首先应该挣脱世间一切在过去束缚着自己的常规，才能理解他想说的，但我确定未来会有人理解他的，这只是时间问题。"

---

① 又称郁金香泡沫。源自17世纪的荷兰的历史事件。被称为人类历史上记载最早的投机活动。——编者注

黄色背景中的瓶中鸢尾花（1890）
阿姆斯特丹，凡·高博物馆

凡·高之谜

当人们谈到一个不受赏识,贫穷潦倒,用自杀了结自己生命的天才时,凡·高也许是最好的代表。经过浪漫主义文学的描写,他的形象被固化,也被广为流传。总会有兴致勃勃的作者或者电影制作人,把这位荷兰艺术家当作作品中的主人公,或者以他为蓝本塑造主人公。然而这些文艺作品所表现的他受尽折磨的一生、他痛苦的工作、他的性格、他的疯狂和他的自杀倾向并没有得到完全证实。这些作品包括欧文·斯通作于1934年的以凡·高为主人公的纪传体小说《渴望生活——凡·高传》,由文森·明尼利和柯克·道格拉斯于1956年执导、由这本书改编的同名电影,以及由黑泽明于1990年执导的电影《梦》。这是一部具有强烈象征性的电影,片中甚至再现了凡·高的一幅画作。但这些只不过是冰山一角。和达·芬奇、米开朗琪罗、毕加索和印象派画家等受人爱戴的艺术家们一样,在这一大众文化时代,凡·高也带

黑泽明电影《梦》中的一个画面(1990)
凡·高置身其最后画作之一《麦田与飞鸦》中

动了一系列产业，比如展览业、出版业以及艺术复制品行业（包括版画、海报、日历、明信片、纪念品、纪念衫和各种各样印有凡·高名作的产品）。

不管怎样，凡·高"不幸的艺术家"这一形象已在众人心中根深蒂固，但是最近有人证实了一个观点：凡·高的同时代人并没有排挤他（至少在他生命最后的时光里没有排挤他），而是他自己故意将自己与他人隔绝。阿尔伯特·奥里埃在《法兰西信使》上发表了一篇赞美凡·高的评论文章，从凡·高对这篇文章的回应中，我们可以看到他这种自愿将自己和成功之路隔绝开的想法。他在那年的四月，从圣雷米医院寄给弟弟的信中写道，"请告诉奥里埃先生，别再写有关我作品的文章了。请坚持以下几点：首先是他理解错了，对我来说最为重要的东西，其次是我觉得太痛苦、太折磨人，所以不能面对公众。画画分散了我的注意力，听到别人谈论到我的画作，我会感到更大的痛苦，这是他不能想象的。"在给奥里埃的回信中，他也尽量从赞美中脱身："我不值得如此的关注……已经过分了……请把您的赞扬留给高更和蒙蒂切利。"他接着表达对阿道夫·蒙蒂切利这样的画家的欣赏，觉得自己注定永远不为人知。他在信的末尾总结道："归功于我的那部分，或者将会归功于我的那部分，比起他们的成就来说，真的是次要的。我向您保证。"

难道果真如之前所说，凡·高为了彰显自己的与众不同，才把自己置身于迷雾中，表现得如此胆怯、谦卑？这是不是因为对他而言，艺术是神圣的，而不是商业化的？就像他在很多信里写的那样，要把作品卖出去？还是因为这位被关在疯人院里的艺术家疾病缠身，被极度缺乏的自信心所折磨，想要寻求一点安宁？

总之，在这些极端的环境里，如果只有一个人开始赞赏凡·高的画作，那么说他成功还为时尚早。除了其他遭遇（他悲惨的生活，一生只卖出去一幅画的经历等），还有一件事情可以证明这一点，那就是在1903年，位于津德尔特的凡·高出生的房子被拆除了。这种事显然不会发生在一位有名望的艺术家身上。

哈武夫妇在奥维尔的旅馆（1890）
阿姆斯特丹，凡·高博物馆

加歇医生在奥维尔的家

与加歇医生相伴于奥维尔

1890年5月，提奥给培顿医生写信，询问他是否可以让文森特搬到奥维尔。那座城市位于巴黎附近，文森特会在那得到加歇医生的照顾。提奥虽刚刚认识这位医生，但觉得他有能力干好这件事。除了是一名精神病方面的专家外，保罗·菲迪南德·加歇还是一位有教养的文化人，与印象派的一些画家有着很好的关系，尤其是塞尚。他本人也喜欢油画、素描和版画。

因此，文森特在1890年5月16日离开了圣雷米医院，独自前往巴黎。他在提奥的家里愉快地度过了三天，认识了弟媳和刚出生几个

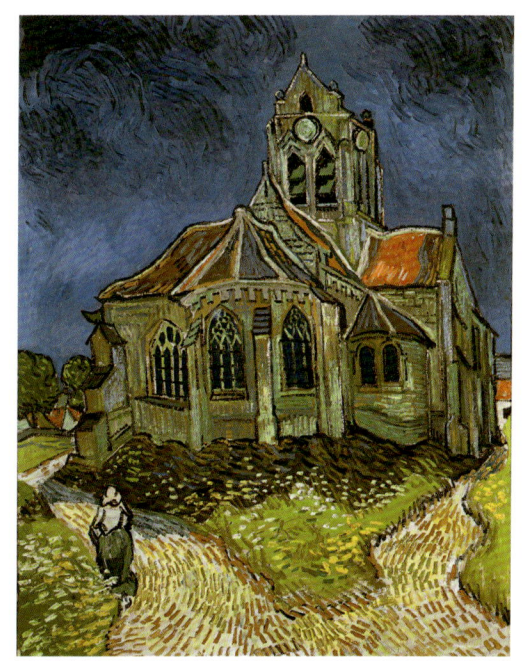

奥维尔教堂（1890年6月）
巴黎，奥赛博物馆

月的小侄子，小侄子同他一样也叫文森特·威廉。然后他前往奥维尔，先在圣奥班旅店住了些天，又去了市政厅广场哈武夫妇开的旅馆。

在哈武旅馆，凡·高以饱满的热情和能量重新投入了绘画中。在他生命的最后两个月里，他画了八十多幅画，这个数量印证了他在整个职业生涯中对高产的迷恋（仅仅10年他就完成了871幅画）。最初，文森特和加歇医生之间的关系不错。医生成了这位病人的朋友，并且每个星期日都邀请他去家里做客。文森特很乐观，觉得自己肯定能康复："加歇先生说，我的病不可能复发了，现在这样特别好。"6月4日他给提奥的信中这样写道。

这一时期的画证实了他颇为宁静的内心。在这些画里我们可以看到一个头脑混乱的艺术家的努力，他在精神病院时为了构思艺术作品而太过用力之后，尽最大的努力寻找分寸和平衡。

他想要重新开始，觉得要掌控情感，有条理、心平气和地把画面表达得清晰、和谐，这不仅对画肖像有益处（比如说两个版本的《加歇医生的肖像画》《弹钢琴的玛格丽特·加歇》《两个皱眉的小孩》），还对风景画有好处（例如《奥维尔的家》《以车厢和

加歇医生的肖像画（1890年6月）

加歇医生的肖像画（1890年5—6月）
巴黎，奥赛博物馆

火车为背景的风景画》），而且对画静物有帮助（比如《有淡紫色玫瑰的花瓶》）。

然而，文森特经常被内心的矛盾压迫，感到窒息。比如在《奥维尔教堂》中，他表现出了形式上的矛盾，优雅的构图与强烈的颜色不和谐，或者说构图被颤动且没有条理的笔法破坏了。就像《麦田与飞鸦》一样，那些飞向远处的黑鸦的确会散发一种阴森森的死亡气息。"像他自杀后脾脏里的黑色微生物。"安托南·阿尔托如此说道。文森特感到自己被内心的恶魔折磨得越来越狠，控制得越来越频繁。

7月，一些家庭问题加大了文森特的困扰：提奥正处于经济困难期，健康状况也不是很好（文森特去世的6个月后他也去世了，在1891年的2月25日，死于肾脏感染，也可能是梅毒），而且当时他的小侄子也不太好。他怎么可能不烦心呢？要是弟弟不能再左右相随，那该如何是好？而他自己，怎么好意思继续当提奥家的累赘呢？除此之外，提奥现在已经有了自己的家庭，为什么还要继续为文森特而牺牲自己呢？在知道弟弟不会在奥维尔过暑假后，所有的这些担心最终变成了绝望。

7月27日，文森特出门去田间作画。他回来以后，哈武夫妇看到他痛苦的样子，非常担心。在他们的坚持下，凡·高坦言自己向胸部开了枪。加歇医生被叫来后，立刻把这件事告诉了提奥。弟弟急忙奔

麦田与飞鸦（1890年7月）
阿姆斯特丹，凡·高博物馆

阴天麦田（1890 年 7 月）
阿姆斯特丹，凡·高博物馆

向文森特的病榻，但他命已注定：凡·高在 7 月 29 日晚上去世，享年 37 岁。在他身上找到一封没写完的信，收信人是提奥。信里的字句就像预兆："我在冒着生命危险做这份工作，一半的理智都已消耗殆尽了"。

我们以最后一个有关他自杀的疑虑来结束这个话题——枪的问题。文森特在 7 月 27 日带出去的左轮手枪是如何得到的？这件武器来源不明，从未被找到过，而且资料里也没有提到过它，几篇文章都是一笔带过。所以直到今天，这仍旧是个谜。有两种猜想：第一种认为文森特早在蓬图瓦兹就买好了手枪；第二种是在那个悲伤的下午朋友哈武给他的，以便他在写生时驱赶乌鸦。后一种说法，在事发后的很多年经哈武的女儿艾德琳证实后才被人们接受，事发时她还是个小姑娘。

另一个没有解决的问题是为何文森特没有接受治疗，蓬图瓦兹附近的医院是有能力取出子弹并且给他止血的。从这个角度来说，是不是因为加歇医生没有采取措施？他这么做是因为当时已经无力回天了，还是因为他没有意识到事情的严重性？我们怎么能忘记，在最后的日子里，文森特和加歇之间已经彻底断绝交往了？文森特对他的能力表示严重的怀疑，他在 1890 年 7 月 10 日前后写信给提奥："我认为绝对不能信任加歇医生。"

凡·高的葬礼于 7 月 30 日举行。整个棺材都被向日葵覆盖，他是那么喜爱那些花儿。半年后，在奥维尔的墓地，爱护他一生的救助者——弟弟提奥——长眠在他身旁。

凡·高的遗产

凡·高没有学生,也没办过学校。在他的一生里,他的艺术只被少数朋友所了解:埃米尔·伯纳德、卡米耶·毕沙罗、保罗·高更、亨利·德·图卢兹·罗特列克。但是相较于艺术理念,他的绘画方式很快就被20世纪一些重要的先锋艺术学习和发展:比如当时著名的野兽派和表现主义。

文森特是个孤独的人,他同自己的作品对话,所以肯定会推崇对自我的表达,而不是对印象的展现:他的目标是让一些东西浮出水面,一些自己内心的东西,而不是他画的物件。

1890年,阿尔伯特·奥里埃在我们提到过的文章中说起过:"他全部的作品都过火了:使蛮力、神经质、表达粗暴,而这正是表现主义的显著特点。这一领域的画家包括爱德华·蒙克,还有野兽派的安德烈·德朗、莫里斯·德·弗拉曼克、亨利·弗蒂斯,还有到柏林桥社的先驱画家(某种程度上也是蓝骑士

瓶中花(约1875)
阿道夫·蒙蒂切利
阿姆斯特丹,凡·高博物馆

砖石建筑(1907)
埃里希·赫克尔
马德里,提森-波涅米萨博物馆

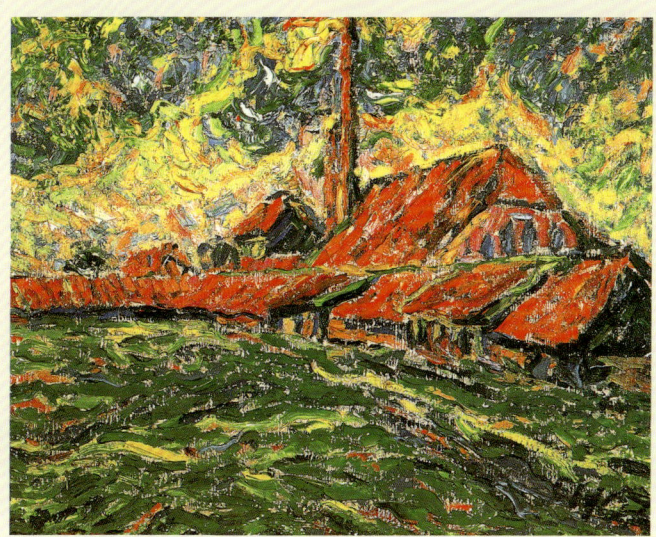

的创建人）恩斯特·路德维希·克希纳、埃米尔·诺尔德、埃里希·赫克尔和马克斯·佩希斯泰因。

在欧洲绘画史中，蒙克被认为是表现主义的先驱。他所使用的正是游离于现实之外的颜色。蒙克想要用强烈的情感张力创造一种阴暗而痛苦的氛围。对于一些表现主义画家来说，比如诺尔德和赫克尔（对于野兽派的德兰来说也是），凡·高的影响是非常重要的。他们有着相同的绘画品位，笔触密集而抽象。

所以这份遗产，经由20世纪初先锋画家之手，影响了整个世纪，直到今天仍然为我们提供滋养。

风暴前（1910）
马克斯·佩希斯泰因
慕尼黑，现代艺术美术馆

科利乌尔之山（1905）
安德烈·德朗
华盛顿，国家艺术画廊

年表

历史同期大事记	年份	凡·高生平大事记
	1853	文森特·威廉·凡·高于3月30日出生在津德尔特（荷兰北布拉班特省），父亲提奥多勒斯·凡·高，是一位新教牧师，母亲安娜·克纳莉亚·卡本特斯。
德拉克洛瓦当选法兰西美术学院院士。	1857	5月1日，凡·高的弟弟提奥·凡·高出生。
第一国际工人联合会成立；法国政府承认了民众罢工的权利。	1864	凡·高在泽芬贝亨一所学校上学，直到1866年。
普鲁士与奥地利爆发普奥战争；柯罗和杜比尼成为沙龙评委会成员。	1866	凡·高在蒂尔堡技术学院学习。
塞尚被沙龙拒绝。	1868	凡·高辍学，回到津德尔特。
德加前往比利时，而后去往布鲁塞尔；毕沙罗与家人在路维西安定居；塞尚、莫奈和西斯莱被沙龙拒绝。	1869	在画商伯伯文森特（森伯伯）的帮助下，凡·高前往海牙，受雇于巴黎古皮尔艺术之家的分公司。
巴黎公社成立（3—5月），由阿道夫·梯也尔领导。	1871	文森特的父亲提奥多勒斯·凡·高在海尔福伊特被任命为牧师。
法国政府忙于筹备战争赔款；马奈、乔金德、毕沙罗、塞尚、雷诺阿和其他画家成立了新的沙龙；莫奈前往阿让特伊定居。	1872	凡·高与父母共度假期，8月：提奥与他们会合。兄弟俩从此开始了频繁的通信。
拿破仑三世死在逃亡的路上；库尔贝逃往瑞士；塞尚在瓦兹河畔的奥维尔定居，在加歇医生家里工作，通过毕沙罗认识了唐吉老爹；莫奈在塞纳河上建立了一座河上工作室。	1873	1月：提奥入职古皮尔在布鲁塞尔的分公司；文森特从6月起在伦敦分公司工作一年，然后先后前往布鲁塞尔和巴黎，在巴黎参观了罗浮宫内的沙龙展和卢森堡博物馆。
印象派画家首次展览在摄影家纳达尔的工作室举办；尽管德加和莫奈都有出席，马奈仍然没有参加这次展览；莫奈展出了《日出·印象》，这一团体的名字"印象派"由此而生。	1874	在伦敦，凡·高爱上了欧金尼，姑娘的拒绝把他推向了绝望的深渊；凡·高在海尔福伊特度过了夏天，10月前往古皮尔巴黎总部，12月返回伦敦。

艺术人生——凡·高

		续表
3月24日，印象派在德鲁奥拍卖行举行了一次拍卖会；毕沙罗与塞尚和吉约曼合作成立了一个新艺术家团体"L'Union"；米勒去世。	1875	5月：凡·高回到了古皮尔巴黎总部。他工作敷衍，引起事端；凡·高兴致勃勃地参观藏有柯洛和17世纪荷兰画家作品的博物馆；在埃腾度过了圣诞节假期。
印象派画家举办第二届展览，共有19位画家参展；里维埃发表了关于印象派的首篇文章；马拉美出版了由马奈作插图的《牧神午后》。	1876	4月：凡·高被解雇，在埃腾停留一段时日后前往英国的拉姆斯盖特，在由斯托克斯创办的学校中担任代课教师；后来又逐渐成为卫理公会牧师琼斯布道、讲课的帮手；10月底：凡·高举办了第一次布道；12月：回到了埃腾父母的身边，他的父母察觉到了凡·高异常的健康状况，劝说他不要再回伦敦了。
印象派画家举办第三届展览；里维埃发行期刊《印象派画家》；库尔贝去世。	1877	凡·高在多德雷赫特的一家书店工作；5月：凡·高前往阿姆斯特丹大学研习神学。
世界博览会在巴黎举办；丢勒－吕厄展出了巴比松派画派的300幅作品；迪雷出版《印象派画家》小册子；塞尚先后前往艾克斯和埃斯塔克工作；莫奈在韦特伊定居；修拉进入巴黎高等美术学院学习。	1878	经过一年的学习过后，凡·高放弃了神学考试；8月：凡·高前往拉肯镇，进入一所传教学校学习；凡·高没能通过结课考试；他搬到了比利时南部的煤矿区博里纳日，在这里继续布道，为穷人奉献自我。
巴斯德研制了狂犬病疫苗；爱迪生发明了电灯；印象派画家举办了第四届展览；左拉为一本俄国杂志写了沙龙的评论文章，批判印象派画家"不充分的技术"；毕沙罗邀请高更展出自己的作品。	1879	布鲁塞尔传教学校委员会临时任命凡·高为瓦姆附近蒙斯的世俗福音传道师，但是没有官方的任命，他生活穷困。凡·高最初画的几幅素描可以追溯这一阶段的状况。
陀思妥耶夫斯基出版《卡拉马佐夫兄弟》；印象派举办第五届展览，共有18位画家的作品参展。	1880	凡·高在布鲁塞尔美术学院学习解剖学和素描；提奥在巴黎古皮尔公司工作，每月为哥哥寄一笔补助费。
沙皇亚历山大二世被谋杀；法国对突尼斯享有保护权；印象派举办第六届展览，共有13位画家的作品参展；政府放弃对沙龙的控制；法国艺术家沙龙诞生；马奈被授予法国荣誉军团勋章；毕沙罗、塞尚和高更前往蓬图瓦兹工作。	1881	4月到12月：凡·高与父母在埃腾同住。他爱上了表姐琪，一个带着孩子的寡妇，但是被她拒绝了；在与家人爆发了一系列冲突后，凡·高前往海牙学习素描和绘画。从日报上收集法国和英国画家的版画；结识了一些海牙学派的画家；创作了最初几幅静物油画和以真实生活为参照物的水彩画。
德、意、奥三国同盟；丢勒－吕厄组织了印象派第七届展览；乔治·佩蒂特创立国际展览；巴黎美术学院举办库尔贝大型回顾展。	1882	凡·高与克雷西娜·玛丽亚·胡尔尼克，也就是熙恩相遇。熙恩是一个年长于凡·高的妓女，常年沉迷于酒精。当时的她已怀孕，并且已是一个孩子的母亲。凡·高负责她的起居，照顾她，让她当自己的模特。
丢勒－吕厄德组建了一个团队，在伦敦、柏林、鹿特丹举办印象派展览，印象派画作还在波士顿和纽约展出；马奈于4月30日去世。	1883	在弟弟的劝说下，凡·高与熙恩分手，搬到德伦特省居住；12月：凡·高在阿姆斯特丹定居。后来他耐不住寂寞，回到了父母身边，当时他们住在北布拉班特省的纽南。在这一阶段，凡·高创作出许多以田园风光为主题的素描和画作。

续表

巴黎大皇宫独立艺术家沙龙展成立，以不加评判，不予奖励为目的，举办展览；1月：巴黎美术学院举办马奈大型回顾展；创办《独立杂志》；高更前往丹麦，想做销售代表，但是失败了；修拉创作了《大碗岛的星期天下午》。	1884	凡·高在北布拉班特省的艺术创作十分高产，并且意义非凡；5月：他把工作室搬到了天主教堂圣器看管员沙夫特的家里；8月：女邻居玛戈特·贝格拉和他有过一段短暂的情感关系，但是遭到家庭反对，玛戈特·贝格拉试图自杀；8月到9月：凡·高为珠宝商赫尔曼·迪·埃因霍温的餐厅创作了六幅画。
巴黎高等美术学院举办德拉克洛瓦回顾展；维克多·雨果逝世；提奥与毕沙罗和西斯莱结识；爱德华·迪雅尔丹创办《瓦戈纳人期刊》。	1885	3月：凡·高父亲逝世；凡·高住到了一位天主教堂圣器看管人的家里；9月：人们怀疑凡·高让高娣娜·德·奥斯特怀孕。她是位农妇，多次当过凡·高的模特；教区牧师禁止居民为凡·高当模特；11月底：凡·高搬往安特卫普，学习鲁宾斯的画作，同时开始收藏日本版画，并且将自己的收藏品贴满了房间的墙壁。
印象派第八届展览，也是最后一次展览，共计17位画家作品展出；修拉展出了《大碗岛的星期天下午》；莫奈和雷诺阿拒绝参加此次展览，但同意参加佩蒂特的一个展览；毕沙罗结识凡·高；高更前往阿旺桥；左拉出版《杰作》；费内翁参加第八届印象派展览，莫雷亚斯在《费加罗报》上发表《象征主义宣言》。	1886	凡·高在安特卫普美术学院注册入学，然而不久之后，他就和教授产生了严重的分歧；2月底：凡·高生病了，他没有告诉任何人就去了巴黎的弟弟家；在柯洛蒙的画室工作了一段时日，在这里他遇见了图卢兹·劳特列克和埃米尔·伯纳德。他还结识了莫奈、西斯莱、毕沙罗、德加、雷诺阿、修拉、西涅克；6月：他和弟弟搬到了蒙马特区一个宽敞的家里；凡·高的精神疾病让提奥深受折磨，提奥无法忍受哥哥古怪的脾气，他们的家人也得知了这些事情。
建立印度支那联邦，包括法国的东南亚殖民地；高更和拉瓦尔前往马提尼克。	1887	冬天，凡·高在巴黎和保罗·高更成为好友；在唐吉老爹的店里展出了一些作品，但是没有卖出去；凡·高经常去铃鼓咖啡馆，老板是意大利人阿戈斯蒂娜·塞加托里，也是德加之前的模特，凡·高与她有过短暂的交往；这群画家自称为"佩蒂特大道印象派"，他们在提奥的画廊展出作品，其中包括莫奈、西斯莱、毕沙罗、德加和修拉。
恩索尔在布鲁塞尔成立的二十人社团完成了《基督降临布鲁塞尔》的创作；西涅克和查斯·亨利合作，当时亨利正在为《教育的形式和教育的意义》的出版进行筹备工作；埃米尔·伯纳德在阿旺桥生活，经常与高更见面；在巴黎，提奥的画廊为高更举办了一次展览。	1888	凡·高结束了在巴黎的生活，前往阿尔勒；他租下了"黄房子"，孜孜不倦地作画；巴黎大皇宫独立艺术家沙龙上展出了他的两幅巴黎景观图和一幅静物图；10月起，他和高更在"黄房子"里共同生活，提奥资助他们的生活；他们的合作非常高产，但是在12月底一次激烈的争吵后，他们的友谊决裂了；凡·高愤怒地拿着一把剃刀攻击高更，惊慌之下，高更在一个旅馆里过了夜；凡·高割下了自己的左耳并送给了当地的一个妓女；在凡·高被送往阿尔勒医院医治时，高更回到了巴黎。

艺术人生——凡·高　161

续表

巴黎世界博览会开幕；埃菲尔铁塔举行了落成仪式；艺术领域举办了法国艺术100周年展览，罗歇·马克思勇敢地展出了马奈、莫奈、毕沙罗、塞尚的作品；以高更为首的一些艺术家，成功获得了美术咖啡馆、沃尔比尼咖啡馆的允许，在那里展出自己的作品；最初，在起草名单时，高更把凡·高加了进来，但最终展出作品的有：高更、拉瓦尔、福谢、埃米尔·舒芬尼克尔、安克坦、丹尼尔、伯纳德、罗伊、尼莫（伯纳德的笔名）。人们把这些艺术家称为"综合派画家"；高更从阿旺桥去往勒普尔迪，在那里遇到了安德烈·纪德。	1889	年初，凡·高回到了"黄房子"，由"邮差"鲁林和牧师塞勒斯照顾；3月：市民联合向市长请愿监禁凡·高，在警察的命令下，凡·高又住进了医院；4月：弟弟提奥娶了荷兰姑娘乔安娜·邦格，共同住在巴黎；5月：凡·高住进了位于普罗旺斯圣雷米的莫索尔圣保罗修道院里的精神病院。在这一阶段，借着生病的空闲，他创作了许多作品，同时他还临摹了多雷、杜米埃、米勒和德拉克罗斯的作品；巴黎大皇宫独立艺术家沙龙展出了两幅凡·高的作品；11月：受布鲁塞尔二十人社团邀请，凡·高寄去了12张油画。
国际劳动节首庆；莫里斯·丹尼斯在《新传统派的定义》上阐释高更的艺术创作原则；高更回到巴黎。	1890	阿尔伯特·奥里埃在《法兰西信使》上发表了一篇赞美凡·高的评论性文章；5月：独立展出了凡·高的10幅作品；5月：凡·高离开圣雷米医院，乘火车前往巴黎。在提奥家住了3天后，凡·高前往瓦兹河畔的奥维尔；加歇医生在奥维尔照顾凡·高；7月27日下午，凡·高出门，很晚才回来，旅店老板哈武夫妇十分担心他，在他们的追问下，凡·高坦言自己向胸部开了一枪。加歇医生立刻给提奥打了电话。7月29日夜里，凡·高离开了人间，享年37岁。
4月4日：高更从马赛出发，前往大溪地；修拉和梅索尼埃去世。	1891	凡·高去世后，提奥的病情加重了，10月12日，住进了迪布瓦诊所，后来又住进了颇有威望的布兰奇诊所。趁着提奥健康状况有所好转，妻子带他回到了荷兰；1月25日，提奥在乌特勒支一家疗养院里逝世；1914年，提奥的遗体被运到了奥维尔公墓，葬在了哥哥身旁；布鲁塞尔二十人社团和巴黎大皇宫独立艺术家沙龙分别在1891年2月和3月举办了凡·高作品回顾展。

索引

凡·高作品索引

A
阿尔勒餐厅内部 97
阿尔勒的房间（1888 年 10 月）110
阿尔勒的房间（1888 年 9 月）111
阿尔勒的房间（1889 年 9 月）111
阿尔勒的舞厅 98
阿尔勒妇人｜吉诺夫人持书 103
阿尔勒公园开花的栗子树道 109
阿尔勒医院庭院 116
阿戈斯蒂娜·塞加托里于铃鼓咖啡馆 88
阿姆斯特丹德鲁伊特尔码头 35
阿斯尼埃弗瓦耶·达庄松公园的情侣 76
阿斯尼埃之桥 80
埃腾的教会委员会与教堂 24
奥维尔教堂 153
安特卫普景观 71

B
柏树 143
悲伤｜痛苦 63
北部记忆 19

C
餐厅内部 80
草土块做的棚屋 45
车道 14
吃土豆的人 68
吃土豆的人 70
从蒙马特区看巴黎 77
从文森特在勒皮克街的房间看巴黎 82

D
戴草帽的自画像 90
戴白色帽子的农妇头像 66
叼烟斗的自画像 91

E
耳朵缠着绷带、叼着烟斗的自画像 123
耳朵缠着绷带的自画像 125

F
凡·高的椅子与烟斗 114
焚枯者 56
风景与在月光下散步的情侣 143
缝纫的熙恩与女儿 64
负重者 27

G
橄榄树与阿尔皮伊山 142
高更的椅子｜空椅 114

H
海克福德路之家 23
海牙宫廷的池塘 11
红色葡萄园 145
画家启程去作画 115
画架前的凡·高 91
"黄房子" 99
黄色背景中的瓶中鸢尾花 150
黄色天空太阳下的橄榄树 143

J
加歇医生的肖像画（1890 年 5—6 月）154
加歇医生的肖像画（1890 年 6 月）154
煎饼磨坊 85
筋疲力竭 23
精神病人肖像画 135
静物画：草帽 17
静物画：木鞋、白菜与土豆 59
静物画：葡萄、苹果、柠檬与梨 17
静物画：五个瓶子 18

K
开花的果园与柏树 93
开花的桃树 119
克里希大道 81
矿工归来 43

L
垃圾场 67

拉姆斯盖特学校窗外景观 29
朗格卢瓦桥（1888 年 3 月）105
朗格卢瓦桥（1888 年 5 月）105
篱笆外 46
犁田者 65
两个裸体人物研究 10
绿色葡萄园 118
罗讷河上的星夜 108

M
马车广场 26
马格斯之家 14
麦田与柏树 142
麦田与飞鸦 155
煤驳船 93
蒙马特区的菜圃：蒙马特高地 73
木匠的庭院与洗涤室 42

N
年轻农民的头像 68
年轻农民肖像画 54
纽南的小教堂 16
农妇头像（1885 年 3 月）66
农妇头像（1885）67

P
棚屋前劳作的农妇 52
疲惫不堪｜永恒的入口 36
皮特舍姆与特南格连的教堂 15
瓶中三朵向日葵 120
瓶中十二朵向日葵 120
瓶中十五朵向日葵 120
瓶中十五朵向日葵 121
普罗旺斯的草扎 94
普罗旺斯的收割者 97

Q
轻步兵中尉保罗・尤金・米利耶肖像画 115

R
人鱼餐厅 83

日本趣味：艺伎 86
日落播种者 96
日落中的麦田与播种者 95

S
深夜咖啡馆 106
深夜咖啡馆外部 107
圣马迪拉莫的小路 101
圣雷米铺路工 140
圣雷米医院的病房过道 117
圣雷米医院的窗户 146
圣雷米医院的花园 118
圣雷米医院花园的树木 146
圣雷米医院的走廊 147
圣雷米圣保罗医院看护塔彪克肖像画 139
圣雷米之山 144
树林中的女孩 25

T
唐吉老爹（1887 年秋天）87
唐吉老爹（1887—1888 年冬天）87
推车妇 57

W
挖掘者 47

X
熙恩手持雪茄围炉而坐 62
席凡宁根的暴风雨 37
席凡宁根缝纫妇 49
小棚屋 31
星空下的柏树小路 141
熏鱼场 48

Y
摇摇篮的鲁林夫人｜奥古斯・鲁林 102
夜幕秋景 19
一封信中的农妇头像（草图）66
一张纸上左右两边的画 22
意大利女子｜阿戈斯蒂娜・塞加托里 89
艺术品商人亚历山大・瑞德肖像 78

阴天麦田 156
用手纺车的妇人 55
约瑟夫·鲁林肖像画 103

Z
在博里纳日 34
在霍赫芬的牛奶场 26
在建的埃菲尔铁塔 85
在席凡宁根的海滩上 34
在雨中 28
站立的裸女 75
织布机前的织布工 69
种土豆的农民 65
自画像（1889年8月末）91
自画像（1889年9月）137
自画像：献给高更 112

其他画作者及作品

A
阿道夫·蒙蒂切利
　　瓶中花 157
埃德加·德加
　　苦艾酒 132
埃德温·巴克曼
　　无家可归 60
埃里希·赫克尔
　　砖石建筑 157
安德烈·德朗
　　科利乌尔之山 158
安东·凡·拉帕德
　　泰尔斯海灵岛女子收容院 56
安东·莫夫
　　自画像 50

B
保罗·高更
　　阿尔勒咖啡馆｜吉诺夫人 104
　　画向日葵的文森特·凡·高 113
保罗·塞尚
　　普罗旺斯的丘陵 127

保罗·西涅克
　　圣特罗佩的雷阵雨 126

G
歌川广重
　　大桥骤雨 104
　　龟户天神社内 104

H
亨利·德·图卢兹·罗特列克
　　红磨坊：拉·古留 74
　　文森特·凡·高在一杯苦艾酒前 133
胡贝特·冯·赫尔科默
　　周日的农民 61

M
马蒂亚斯·马里斯
　　沃尔夫赫兹羊圈 42
马克斯·佩希斯泰因
　　风暴前 158

P
皮埃尔·奥古斯特·雷诺阿
　　圣维克多山 126

Q
乔治·布拉克
　　在莱斯塔克高架桥｜乐博莱斯塔克商业长廊 127

R
让·弗朗索瓦·米勒
　　巴比松画派米勒家的后院 44
　　纺纱工 53
　　奉告祈祷 53

Y
约翰·拉塞尔
　　文森特·凡·高的肖像画 90
约翰内斯·博斯博姆
　　教堂内部 15

与凡·高相关的图片

A
阿尔勒医院花园,凡·高多次在此医院接受治疗 116

B
表姐琪和她的儿子 8
博里纳日地区瓦姆煤矿井 33

D
弟弟提奥 20

E
20 世纪的朗格卢瓦桥 105

F
凡·高父亲:提奥多勒斯·凡·高 13
凡·高割耳事件的见闻 124
凡·高母亲:安娜·克纳莉亚·卡本斯特 13
凡·高生活和工作的主要地方 38—39

G
古皮尔公司海牙分店 61

H
哈武夫妇在奥维尔的旅馆 153
黑泽明电影《梦》中的一个画面,凡·高置身其后最后画作之一《麦田与飞鸦》中 151
红磨坊照片,约拍摄于约 1900 年 74
"黄房子"在第二次世界大战中被炸毁 98

J
加歇医生在奥维尔的家 153

N
纽南的小教堂 15

S
森伯伯 12
圣雷米医院的插图小册子 117

W
文森特·凡·高,约十二岁 7
文森特·凡·高,十三岁 7
文森特·凡·高 9

Y
约瑟夫·鲁林于其晚年 103

参考书目

Monografie e cataloghi: Jacob Baart de la Faille, *L'époque française de Van Gogh*, Parigi 1927. Jacob Baart de la Faille, *L'oeuvre de Vincent van Gogh: Catalogue raisonné*, 4 voll., Bruxelles-Parigi 1928 e nel 1930 il vol. *Les faux Van Gogh*. Jacob Baart de la Faille, *Vincent van Gogh*, Parigi-Londra-New York 1939. Abraham M. Hammacher (a cura di), *The works of Vincent van Gogh: his paintings and drawings*, Amsterdam 1970. P. Lecaldano (a cura di), *L'opera pittorica completa di Van Gogh da Etten a Parigi*, Milano 1977. P. Lecaldano (a cura di), *L'opera pittorica completa di Van Gogh da Arles a Auvers*, Milano 1977. R. Pickvance, *Van Gogh in Saint-Rémy and Auvers*, catalogo della mostra (New York, The Metropolitan Museum of Art 1986), New York 1986. *Vincent van Gogh*, catalogo della mostra (Roma, Galleria nazionale d'arte moderna e contemporanea), Roma 1988. *Van Gogh à Paris*, catalogo della mostra (Parigi, Musée d'Orsay), Parigi 1988. *Vincent van Gogh. Disegni-Dipinti*, catalogo della mostra (Otterlo, Rijksmuseum Kröller-Müller - Amsterdam, Van Gogh Museum), trad. it. Milano-Roma 1990. *Vincent van Gogh*, catalogo della mostra (Amsterdam, Van Gogh Museum), Milano-Roma-Amsterdam 1990. *Van Gogh in nero. La grafica*, catalogo della mostra (Firenze, Istituto universitario olandese di storia dell'arte, ottobre-dicembre 1997), Firenze 1997. *Van Gogh Face to Face. The Portraits*, catalogo della mostra (Detroit, Institute of Arts, Boston, Museum of Fine Arts, Filadelfia, Museum of Art 2000-2001), New York 2000. D. W. Druick-P. Kort Zegers, *Van Gogh e Gauguin. Lo studio del Sud*, catalogo della mostra (Chicago, The Art Institute, 23 settembre 2001-13 gennaio 2002; Amsterdam, Van Gogh Museum, 9 febbraio-2 giugno 2002), trad. it. Milano 2002. *Gauguin-Van Gogh. L'avventura del colore nuovo*, catalogo della mostra (Brescia, museo di Santa Giulia, 22 ottobre 2005-19 marzo 2006), a cura di M. Goldin, Conegliano 2005. *Vincent van Gogh. Between Earth and Heaven: The Landscapes*, catalogo della mostra (Basilea, Kunstmuseum, 26 aprile - 27 settembre 2009), a cura di B. Mendes Bürgi, N. Zimmer, Ostfildern (D) 2009.

Epistolari: Johanna van Gogh-Bonger (a cura di), *Brieven aan zijn broeder*, 3 voll., Amsterdam 1914. Vincent Willem van Gogh (a cura di), *Verzamelde Brieven van Vincent Van Gogh*, 4 voll., Amsterdam-Anversa 1952-1954. *Tutte le lettere di Vincent Van Gogh*, 3 voll., Milano 1959. *Vincent Van Gogh. Lettere a Theo*, a cura di M. Cescon, trad. di M. Convito e B. Casavecchia, Parma 1984. E. M. Davoli, *La discesa infinita. La poetica di Vincent van Gogh attraverso l'epistolario*, Bologna 1985. T. Giannotti (a cura di), *Vincent van Gogh. Lettere a Theo sulla pittura*, Milano 1994. *Vincent van Gogh. 150 lettere*, trad. di A. Folin, Conegliano 2005. V. Van Gogh, *Lettere a un amico pittore*, a cura di M. M. Lamberti, trad. S. Caredda, Milano 2006.

Testimonianze dei contemporanei: P. Gauguin, *A proposito di Vincent van Gogh*, (a cura di S. Mati), Pistoia 2001. Emile Bernard, *Lettres de Van Gogh a Emile Bernard*, Parigi 1911. Emile Bernard, *Souvenirs de Van Gogh*, in *L'amour de l'Art* (1924). Emile Bernard, *L'enterrement de Vincent van Gogh*, in *Art Documents* (1953). Paul Gauguin, *Avant et Après*, Lipsia 1918-Parigi 1923.

Opere e vita: J. Rewald, *Il postimpressionismo. Da Van Gogh a Gauguin*, Firenze 1967 (ed. orig. New York 1956), pp. 573-595. J. Hulsker, *Vincent and Theo Van Gogh. A Dual Biography*, 1990 (ed. orig. olandese, s. d.). L. Venturi, *Van Gogh*, in *Le vie dell'impressionismo*, Torino 1970. B. Bruce, *Vincent van Gogh, la vita e le opere attraverso i suoi scritti*, Novara 1985. D. Formaggio, *Van Gogh in cammino*, Milano 1986. A. Artaud-G. Bataille, *Il mito Van Gogh*, Bergamo 1987. R. De Leeuw, *Van Gogh*, fascicolo monografico allegato al n. 22, marzo 1988, di "Art e Dossier". G. Testori-L. Arrigoni, *Van Gogh*, Firenze 1990. J. F. Walther-R. Metzger, *Van Gogh. Tutti i dipinti*, Milano 1990. P. Leprohon, *Van Gogh*, Milano 1990. T. Kodera, *Vincent van Gogh: Christianity versus Nature*, Amsterdam - Filadelfia 1990. G. Fossi, *Sulle tracce di van Gogh*, Firenze 1990. K. Jaspers, *Strindberg e Van Gogh*, ora in *Genio e follia. Malattia mentale e creatività artistica*, a cura di U. Galimberti, Milano 1990. P. Bonafoux, *Van Gogh. Il sole in faccia*, Torino 1992. J. Hulsker, *Vincent van Gogh. A Guide to His Works and Letters*, Zwolle 1993. I. F. Walther-R. Metzger, *Van Gogh. Tutti i dipinti*, Colonia 1994. A. Artaud, *Van Gogh, Il suicidato della società*, Adelphi, Milano1996. E. Crispino, *I maestri dell'arte. Van Gogh*, Milano 1996. N. Heinich, *La gloria di Van Gogh. Saggio di antropologia dell'ammirazione*, 1997. E. Crispino, *Van Gogh*, Firenze 1997. I. Stone, *Brama di vivere*, Milano 1998. E. Crispino, *Van Gogh. L'artista e le opere*, Firenze 1999. J. Leighton, *Wheatfield with Crows*, Zwolle 1999. G. Mori, *Impressionismo, Van Gogh e il Giappone*, fascicolo monografico allegato ad "Art e Dossier", n. 149, ottobre 1999. I. F. Walther, *Vincent van Gogh* (Colonia 2001), trad. it. Roma 2001. M. Goldin (a cura di), *L'impressionismo e l'età di Van Gogh*, Conegliano 2002. A. Blühm, *Van Gogh tra antico e moderno*, fascicolo monografico allegato ad "Art e Dossier", n. 187, marzo 2003.

Studi medici e psichiatrici: M. Bonicatti, *Il caso Vincent Willem van Gogh*, Torino 1977. F.-B. Michel, *Il volto di Van Gogh. Il folle, l'artista, l'uomo*, Milano 2001.

Siti Internet:
www.vangoghaventure.com
www.vggallery.com
www.vangoghmuseum.nl
Sur les traces de Vincent van Gogh, in www.chez.com/jeremy13

REFERENZE FOTOGRAFICHE

Tutte le immagini appartengono all'Archivio Giunti ad eccezione di:

cover:
Notte stellata (giugno 1889), part. © 2019. Digital Images. The Museum of Modern Art, New York / Scala Firenze

Inside:
© 2010.Digital Images.The Museum of Modern Art, New York / Scala Firenze with © 2019. Digital Images.The Museum of Modern Art, New York / Scala Firenze: pp.122 (part.) , 126 (tot.)

© Georges Braque, André Derain, Eric Heckel, Max Pechstein by SIAE 2009 with
© Georges Braque, André Derain, Eric Heckel, Max Pechstein by SIAE 2019

Per quanto riguarda i diritti di riproduzione, l'editore si dichiara pienamente disponibile a regolare eventuali spettanze per quelle immagini di cui non sia stato possibile reperire la fonte.
Nelle didascalie, quando non altrimenti indicato, l'opera fa parte di collezione privata.